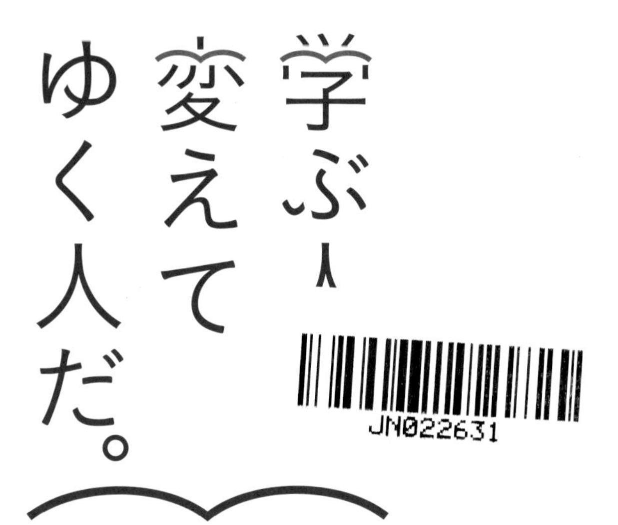

目の前にある問題はもちろん、

人生の問いや、

社会の課題を自ら見つけ、

挑み続けるために、人は学ぶ。

「学び」で、

少しずつ世界は変えてゆける。

いつでも、どこでも、誰でも、

学ぶことができる世の中へ。

旺文社

はじめに

『高校入試合格でる順シリーズ』は，高校入試に向けた学習を効率よくするための問題集です。
このシリーズでは，実際に出題された高校入試問題を分析し，入試に必要なすべての単元を，出題率の高い順に並べています。出題率が高い順に学習することで，入試までの時間を有効に使うことができます。

本書はそれぞれの単元に，くわしいまとめと，入試過去問題を掲載しています。問題を解いていてわからないことがでてきたら，まとめにもどって学習することができます。入試に向けて，わからないところやつまずいたところをなくしていきましょう。また，入試問題は実際に出題されたものを掲載していますので，本番と同じレベルの問題で実力を試すことができます。

本書がみなさんの志望校合格のお役に立てることを願っています。

旺文社

本書の特長と使い方

本書は，高校入試の問題を旺文社独自に分析し，重要な単元を入試に「でる順」に並べた問題集です。入試直前期にも解ききれる分量になっており，必要な知識を短期間で学習できます。この問題集を最後まで解いて，入試を突破する力を身につけましょう。

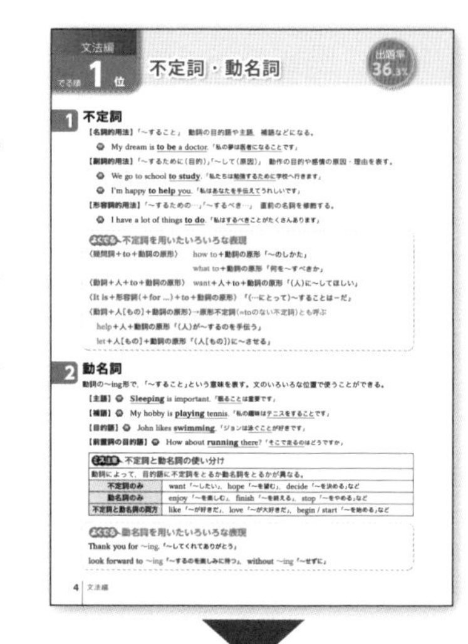

STEP 1 まとめ

各単元の重要な項目をコンパクトにまとめています。

よくでる 入試によくでることがら

ミス注意 入試で間違いやすいことがら

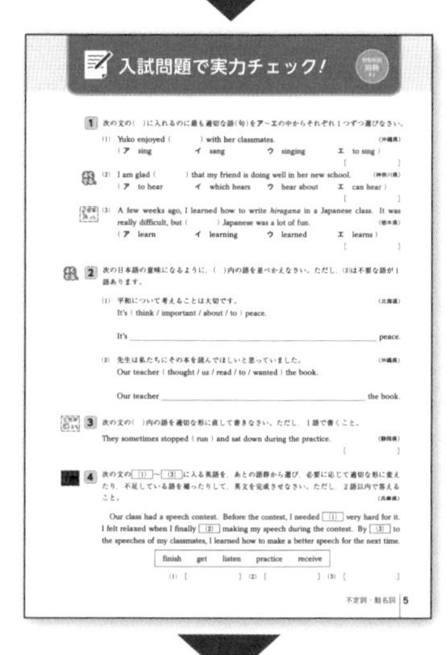

STEP 2 入試問題で実力チェック！

実際の入試問題で学んだ知識を試してみましょう。

よくでる 入試によくでる問題

知識だけでなく，考える力が試される問題

発展的な問題

正答率が50%以上の問題

正答率が50%未満の問題

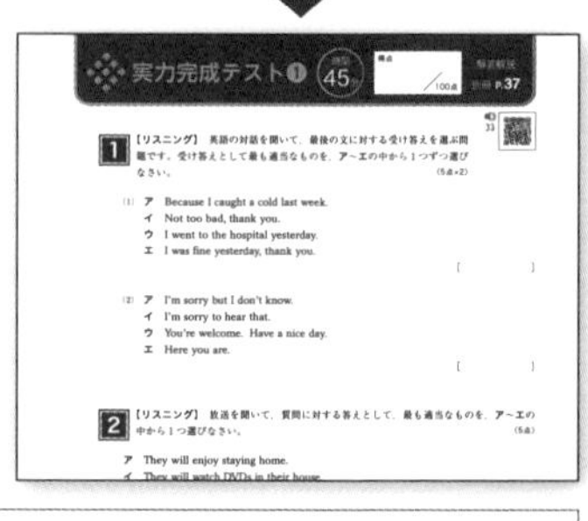

実力完成テスト

オリジナルの実力完成テストを2回分収録しています。
最後の力試しにどのぐらい解けるか，挑戦してみてください。

音声マークアイコン

音声マークがついている問題はリスニング問題です。
付属の音声でリスニングもしっかり対策しておくようにしましょう。
「音声の利用法」は表紙を開いたページに掲載してあります。

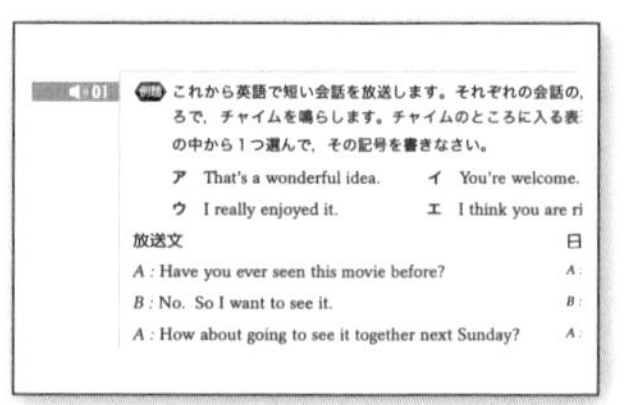

もくじ

はじめに			1
本書の特長と使い方			2
もくじ			3
文法編			
でる順 **1** 位	**36.3%**	不定詞・動名詞	4
でる順 **2** 位	**28.8%**	時制	7
でる順 **3** 位	**26.9%**	名詞・代名詞・冠詞・形容詞・副詞	10
でる順 **4** 位	**21.9%**	現在完了	13
でる順 **5** 位	**20.6%**	文型	16
でる順 **5** 位	**20.6%**	比較	19
でる順 **7** 位	**20.0%**	疑問詞	22
でる順 **8** 位	**16.9%**	関係代名詞	24
長文編			
でる順 **1** 位	**98.8%**	適切な語・文を補充する問題	26
でる順 **2** 位	**90.6%**	内容正誤問題	32
でる順 **3** 位	**69.4%**	英語の問いに英語で答える問題	36
でる順 **4** 位	**53.8%**	下線部の内容を説明する問題	40
でる順 **4** 位	**53.8%**	絵・図・表のある問題	44
でる順 **6** 位	**51.3%**	要約文を完成させる問題	48
でる順 **7** 位	**24.4%**	文を並べかえる問題	52
英作文編			
でる順 **1** 位	**65.0%**	テーマや質問に答える問題	56
でる順 **2** 位	**48.8%**	対話文補充型問題	60
でる順 **3** 位	**18.1%**	絵・図・表のある問題	64
でる順 **4** 位	**10.0%**	和文英訳問題	68
リスニング編			
でる順 **1** 位	**85.0%**	対話文問題	71
でる順 **2** 位	**70.6%**	質問に答える問題	75
でる順 **3** 位	**56.3%**	絵・図・表を選ぶ問題	79
でる順 **4** 位	**36.9%**	空所補充問題	83
でる順 **5** 位	**19.4%**	絵・図・表に関する質問に答える問題	86
実力完成テスト❶			89
実力完成テスト❷			93

編集協力：有限会社マイプラン 安達瑞菜
装丁・本文デザイン：牧野剛士
組版・図版：株式会社ユニックス
校正：池田有希子
諸岡幸弘
神谷明音
録音：ユニバ合同会社

文法編
でる順 1 位

不定詞・動名詞

1 不定詞

【名詞的用法】「～すること」 動詞の目的語や主語，補語などになる。

例 My dream is **to be** a doctor.「私の夢は医者になることです」

【副詞的用法】「～するために（目的）」「～して（原因）」 動作の目的や感情の原因・理由を表す。

例 We go to school **to study**.「私たちは勉強するために学校へ行きます」

例 I'm happy **to help** you.「私はあなたを手伝えてうれしいです」

【形容詞的用法】「～するための…」「～するべき…」 直前の名詞を修飾する。

例 I have a lot of things **to do**.「私はするべきことがたくさんあります」

よくでる 不定詞を用いたいろいろな表現

〈疑問詞＋to＋動詞の原形〉 how to＋動詞の原形「～のしかた」
what to＋動詞の原形「何を～すべきか」

〈動詞＋人＋to＋動詞の原形〉 want＋人＋to＋動詞の原形「（人）に～してほしい」

〈It is＋形容詞（＋for ...）＋to＋動詞の原形〉「（…にとって）～することは－だ」

〈動詞＋人［もの］＋動詞の原形〉→原形不定詞（=toのない不定詞）とも呼ぶ

help＋人＋動詞の原形「（人）が～するのを手伝う」

let＋人［もの］＋動詞の原形「（人［もの］）に～させる」

2 動名詞

動詞の～ing形で，「～すること」という意味を表す。文のいろいろな位置で使うことができる。

【主語】 例 **Sleeping** is important.「眠ることは重要です」

【補語】 例 My hobby is **playing** tennis.「私の趣味はテニスをすることです」

【目的語】 例 John likes **swimming**.「ジョンは泳ぐことが好きです」

【前置詞の目的語】 例 How about **running** there?「そこで走るのはどうですか」

ミス注意 不定詞と動名詞の使い分け

動詞によって，目的語に不定詞をとるか動名詞をとるかが異なる。

不定詞のみ	want「～したい」，hope「～を望む」，decide「～を決める」など
動名詞のみ	enjoy「～を楽しむ」，finish「～を終える」，stop「～をやめる」など
不定詞と動名詞の両方	like「～が好きだ」，love「～が大好きだ」，begin / start「～を始める」など

よくでる 動名詞を用いたいろいろな表現

Thank you for ～ing.「～してくれてありがとう」

look forward to ～ing「～するのを楽しみに待つ」，without ～ing「～せずに」

入試問題で実力チェック!

1 次の文の( )に入れるのに最も適切な語(句)を**ア**～**エ**の中からそれぞれ1つずつ選びなさい。

(1) Yuko enjoyed ( ) with her classmates. 〈沖縄県〉
(**ア** sing **イ** sang **ウ** singing **エ** to sing)
[ ]

よくでる (2) I am glad ( ) that my friend is doing well in her new school. 〈神奈川県〉
(**ア** to hear **イ** which hears **ウ** hear about **エ** can hear)
[ ]

正答率 74.4% (3) A few weeks ago, I learned how to write *hiragana* in a Japanese class. It was really difficult, but ( ) Japanese was a lot of fun. 〈栃木県〉
(**ア** learn **イ** learning **ウ** learned **エ** learns)
[ ]

よくでる **2** 次の日本語の意味になるように，( )内の語を並べかえなさい。ただし，(2)は不要な語が1語あります。

(1) 平和について考えることは大切です。 〈北海道〉
It's (think / important / about / to) peace.

It's ______ peace.

(2) 先生は私たちにその本を読んでほしいと思っていました。 〈沖縄県〉
Our teacher (thought / us / read / to / wanted) the book.

Our teacher ______ the book.

正答率 85.6% **3** 次の文の( )内の語を適切な形に直して書きなさい。ただし，1語で書くこと。

They sometimes stopped (run) and sat down during the practice. 〈静岡県〉
[ ]

正答率 42.4% **4** 次の文の (1) ～ (3) に入る英語を，あとの語群から選び，必要に応じて適切な形に変えたり，不足している語を補ったりして，英文を完成させなさい。ただし，2語以内で答えること。 〈兵庫県〉

Our class had a speech contest. Before the contest, I needed (1) very hard for it. I felt relaxed when I finally (2) making my speech during the contest. By (3) to the speeches of my classmates, I learned how to make a better speech for the next time.

finish	get	listen	practice	receive

(1) [ ] (2) [ ] (3) [ ]

5 次の文中の(　)内の語句をそれぞれ並べかえなさい。

正答率 43.2%
(1) There, my grandfather (to / us / grow / showed / how) rice. 〈埼玉県〉

There, my grandfather ________________________ rice.

正答率 33.0%
(2) *A* : What is your plan for this weekend? 〈栃木県〉
B : My plan (shopping / to / is / go) with my sister.

My plan ________________________ with my sister.

(3) *A* : Can you (to / think / good / of / something) bring to the party? 〈千葉県〉
B : How about bringing pizza?

Can you ________________________ bring to the party?

(4) *A* : Hello. This is Ryota. May I speak to John, please? 〈徳島県〉
B : Sorry, but he isn't back yet. Shall I tell (to / him / call / you) back?
A : No, thank you. I will call him again later.

Shall I tell ________________________ back?

(5) *A* : How did you like my presentation? 〈富山県〉
B : It was great.
A : Thank you. Actually (finish / helped / it / me / my friend).
B : Oh, I see. It's nice to study with a friend.

Actually ________________________ .

正答率 16%
(6) *Peter* : I am so sad because I have to go back to Canada. 〈高知県〉
Sakura : I really had a good time with you.
Peter : Thank (helping / you / for / me) a lot, Sakura.
Sakura : You're welcome, Peter. Please come back again.

Thank ________________________ a lot, Sakura.

ハイレベル
(7) Let's (give / farmers / some oranges / ask / to) to us. 〈和歌山県〉

Let's ________________________ to us.

文法編
でる順 **2** 位

時制

出題率 28.8%

1 現在形

（1）be動詞　**am**，**are**，**is**。主語に合わせて使う。

【基本文】例 He **is** a tennis player.「彼はテニス選手です」

【否定文】例 He **isn't** a tennis player.「彼はテニス選手ではありません」

【疑問文】例 **Is** he a tennis player?「彼はテニス選手ですか」

—Yes, he **is**. / No, he **isn't**.「はい，そうです／いいえ，ちがいます」

（2）一般動詞　be動詞以外の動詞（play，like，haveなど）。主語が**三人称単数のとき**，動詞の語尾に**-(e)s**をつける。

【基本文】例 Ai **likes** soccer.「アイはサッカーが好きです」

【否定文】例 Ai **doesn't like** soccer.「アイはサッカーが好きではありません」

【疑問文】例 **Does** Ai **like** soccer?「アイはサッカーが好きですか」

—Yes, she **does**. / No, she **doesn't**.「はい，好きです／いいえ，好きではありません」

> **ミス注意** if ～ やwhen ～ などの「時や条件」を表す副詞の働きをする文の中
>
> 未来のことであっても，if ～ やwhen ～ の中では，現在形を使う。
>
> 例 We will go to the zoo [if] it **is** fine tomorrow.
> 「もし明日晴れたら，私たちは動物園に行くでしょう」

2 過去形

（1）be動詞　**am**，**is**の過去形は**was**，**are**の過去形は**were**。

【基本文】例 They **were** in the library.「彼らは図書館にいました」

【否定文】例 They **weren't** in the library.「彼らは図書館にいませんでした」

【疑問文】例 **Were** they in the library?「彼らは図書館にいましたか」

—Yes, they **were**. / No, they **weren't**.「はい，いました／いいえ，いませんでした」

（2）一般動詞　基本は原形に**-ed**や**-d**をつける。中には不規則に変化するものもある。

【基本文】例 I **went** to Osaka.「私は大阪に行きました」

【否定文】例 I **didn't go** to Osaka.「私は大阪に行きませんでした」

【疑問文】例 **Did** you **go** to Osaka?「あなたは大阪に行きましたか」

—Yes, I **did**. / No, I **didn't**.「はい，行きました／いいえ，行きませんでした」

3 現在進行形・過去進行形

〈be動詞＋動詞の～ing形〉で現在していること，過去にしていたことを表す。否定文と疑問文の作り方はbe動詞の文と同じ。一般動詞に-ingをつけるとき，最後の文字を重ねるものがあるので注意。

例 swim → swi**mm**ing，run → ru**nn**ing

入試問題で実力チェック!

1 次の文の(　)に入れるのに最も適切なものを**ア**～**エ**の中からそれぞれ１つずつ選びなさい。

よくでる (1) (　　　) the students work very hard yesterday? 〈神奈川県〉
(**ア** Has　**イ** Can　**ウ** Did　**エ** Are)
[　　　]

正答率40% (2) (　　　) Emily late for the meeting yesterday? 〈栃木県〉
(**ア** Is　**イ** Was　**ウ** Did　**エ** Does)
[　　　]

よくでる (3) My father (　　　) Tokyo last week. 〈栃木県〉
(**ア** goes　**イ** visits　**ウ** went　**エ** visited)
[　　　]

よくでる (4) *A*：Did you read this book? 〈栃木県〉
B：(　　　) It was very interesting.
(**ア** Yes, I did.　**イ** No, I didn't.　**ウ** Not yet.　**エ** I'll read it.)
[　　　]

2 次の対話文の(　)内の語を適切な形に直して書きなさい。 〈山口県〉

Beth　：I visited this *wagashi* shop for the first time.
Minami：Really? I (buy) "*sakuramochi*" in this shop last week. It was very good.
[　　　]

3 次の日本語の意味になるように，(　)に入る適切な英語１語をそれぞれ書きなさい。〈宮崎県〉

(1) 奈津子と私は友達です。
Natsuko and I (　　　) friends.
[　　　]

(2) 彼女は今，プールで泳いでいるところです。
She is (　　　) in the pool now.
[　　　]

よくでる (3) 彼はたいてい夕食後に宿題をします。
He usually (　　　) his homework after dinner.
[　　　]

(4) 私は先週，友人に本を送りました。
I (　　　) my friend a book last week.
[　　　]

4 次の対話文中の□に入る適切な英語１語を書きなさい。ただし，□内の＿には記入例にならい，１文字ずつ書くものとします。　記入例 b o o k 〈北海道〉

A：Were you busy yesterday?
B：Yes, I ＿ ＿ ＿. I helped my mother.

[＿ ＿ ＿]

5 次の文の（　）に入れるのに最も適切な語を下の語群から選び，適切な形に直して書きなさい。ただし，語群の各単語は１度しか使用しないこと。また，それぞれ１語で書くこと。〈沖縄県〉

(1) I met my friend on the street and I (　　　) to her.
[　　　　]

(2) My mother (　　　) breakfast before I go to school every morning.
[　　　　]

語群：speak / happy / cook / early / sit / fast / take

6 次の対話文中の（　）に入れるのに最も適切な語(句)を**ア**～**エ**の中からそれぞれ１つずつ選びなさい。〈宮崎県〉

A：Those pictures on the wall (　1　) good.
B：Thanks. I (　2　) them on New Year's Day this year.

(1) (**ア** am　**イ** is　**ウ** are　**エ** be)
(2) (**ア** take　**イ** took　**ウ** taken　**エ** am taking)

(1)[　　　　]　(2)[　　　　]

ハイレベル **7** 次の対話文中の（　）に入れるのに最も適切な語を**ア**～**エ**の中から選びなさい。〈岩手県〉

A：What time do you usually get up?
B：I usually get up at seven o'clock, but I got up at six this morning.
A：Oh, (　　　) you? I got up at six, too.

(**ア** are　**イ** were　**ウ** does　**エ** did)

[　　　　]

文法編 でる順 3 位

名詞・代名詞・冠詞・形容詞・副詞

1 名詞

名詞には数えられる名詞と数えられない名詞がある。数えられる名詞が複数のときは特別なものは除いて語尾に**-(e)s**をつける。例えば，child「子ども」→childrenのような例外もある。

数えられる名詞（可算名詞）dog「イヌ」，bag「かばん」，class「学級」など

数えられない名詞（不可算名詞）water「水」，love「愛」，English「英語」など

2 代名詞

	単数				複数			
	～は，～が	～の	～を，～に	～のもの	～は，～が	～の	～を，～に	～のもの
一人称	**I**	**my**	**me**	**mine**	**we**	**our**	**us**	**ours**
二人称	**you**	**your**	**you**	**yours**	**you**	**your**	**you**	**yours**
三人称	**he**	**his**	**him**	**his**	**they**	**their**	**them**	**theirs**
	she	**her**	**her**	**hers**				
	it	**its**	**it**					

3 冠詞

a[an]は名詞の前に置いて不特定な１つのものを表す。theは名詞の前に置いて特定のものや，話の中に出てきたものを指す。

よくでる 冠詞をつけない表現

by bus「バスで」，go to school「学校に行く（通学する）」，go to bed「寝る」

4 形容詞・副詞

形容詞は，ものや人の状態，様子，数・量などを表し，副詞は動詞，形容詞，ほかの副詞などを説明する。

形容詞は名詞の前に置いて後ろの名詞を説明する。 例 This is a **red flower**.「これは赤い花です」

形容詞は〈主語＋be動詞＋形容詞〉〈主語＋look[become, get]＋形容詞〉などの形で主語を説明する。

例 **This flower** is **red**.「この花は赤いです」

ミス注意 数量を表す形容詞

	たくさんの，多くの	少しの	いくつかの[いくらかの]
可算	many[a lot of]	a few	some, any
不可算	much[a lot of]	a little	some, any

※肯定文ではmany, muchよりa lot ofを使うことが多い。

入試問題で実力チェック！

1 次の文の□に入れるのに最も適切な英語１語をそれぞれ書きなさい。ただし，□内の＿には記入例にならい，１文字ずつ書くものとします。また，大文字にする必要のある文字は大文字で書くこと。　記入例 b o o k 〈北海道〉

(1) *A*：Who is that man?
B：[＿ ＿] is a teacher at my school. [　　　　]

正答率88％ (2) *A*：What is your name?
B：[＿ ＿] name is Lisa. [　　　　]

2 次の文の(　)に入れるのに最も適切な語を**ア**～**エ**の中からそれぞれ１つずつ選びなさい。

(1) *A*：Do you know whose notebook this is? 〈福島県〉
B：I've seen it on Keiko's desk before. So maybe it's (　　　).
(**ア** she　**イ** she's　**ウ** her　**エ** hers)
[　　　　]

(2) *A*：What kind of (　　　) do you like? 〈東京都〉
B：I usually listen to Japanese popular songs.
(**ア** foods　**イ** music　**ウ** sports　**エ** clothes)
[　　　　]

よくでる (3) *A*：Whose camera is this? 〈岩手県〉
B：It's (　　　).
(**ア** I　**イ** he　**ウ** our　**エ** mine)
[　　　　]

(4) "How did you feel after cleaning?" "I was very (　　　), but I felt good!" 〈広島県〉
(**ア** excited　**イ** happy　**ウ** sorry　**エ** tired)
[　　　　]

3 次の対話文中の(　)に入る適切な英語１語を書きなさい。ただし，(　)内に示された文字で始まる語とします。 〈佐賀県〉

A：Tomoki has no time to help me. He is too (b　　　) because of his homework.
B：Oh, really? I can help you, then.

[　　　　]

4 次の対話文中の(　)内の語を並べかえなさい。 〈富山県〉

A：May I help you?
B：Well, (any / bags / do / for / have / my / you) sister?
A：Yes, we do. This one is very popular among young girls.

Well, ＿＿＿＿＿＿＿＿＿＿＿＿＿＿＿＿ sister?

5 次の文の(　)内の語をそれぞれ適切な形に直して書きなさい。ただし，それぞれ1語で書くこと。

よくでる (1) There are three (child) in the family. 〈茨城県〉

[　　　　　]

(2) *A* : Can you say the (five) month of the year in English? 〈千葉県〉
B : May.

[　　　　　]

6 次の文の(　)に入れるのに最も適切な語(句)を**ア**～**エ**の中からそれぞれ1つずつ選びなさい。

よくでる (1) Every child (　　　　) a different dream. 〈神奈川県〉
(**ア** having　**イ** are having　**ウ** have　**エ** has)

[　　　　　]

(2) Can you see the birds in the sky? One of them (　　　　) flying very high! 〈沖縄県〉
(**ア** is　**イ** are　**ウ** do　**エ** does)

[　　　　　]

(3) There is much water on the earth, but the water we can use is (　　　　). 〈沖縄県〉
(**ア** enough　**イ** too clean　**ウ** not enough　**エ** not clean)

[　　　　　]

7 次の英文中の(　)に入れるのに最も適切な語を**ア**～**エ**の中からそれぞれ1つずつ選びなさい。
〈栃木県〉

Sunday, May 10

I went fishing in the Tochigi River with my brother, Takashi. It was the (　1　) time for me to fish in a river. Takashi taught me how to fish. In the morning, he caught many fish, but I couldn't catch any fish. At noon, we had lunch which my mother made for (　2　). We really enjoyed it. In the afternoon, I tried again. I saw a big fish behind a rock. I waited for a chance for a long time, and finally I caught it! It was bigger than any fish that Takashi caught. I was (　3　) and had a great time.

正答率 81.4% (1) (**ア** one　**イ** first　**ウ** every　**エ** all)

正答率 74.8% (2) (**ア** we　**イ** our　**ウ** us　**エ** ours)

正答率 50.3% (3) (**ア** boring　**イ** bored　**ウ** exciting　**エ** excited)

(1)[　　　　] (2)[　　　　] (3)[　　　　]

文法編

でる順 **4** 位

現在完了

過去に起こった動作や状態が，現在とつながっていることを**〈have[has]＋過去分詞〉**で表す。

【基本文】 例 I **have learned** English for ten years.「私は10年間英語を学んでいます」

【疑問文】〈Have[Has]＋主語＋過去分詞 〜?〉で表し，答えるときもhave[has]を使う。

例 **Have** you **learned** English for ten years?「あなたは10年間英語を学んでいますか」

— Yes, I **have**. / No, I **have not**[**haven't**].「はい，学んでいます／いいえ，学んでいません」

【否定文】〈主語＋have[has]＋not[never]＋過去分詞 〜.〉で表す。

例 I **haven't learned** English for ten years.「私は10年間英語を学んでいません」

よくでる 不規則動詞の過去分詞

原形	過去分詞	原形	過去分詞	原形	過去分詞
come「来る」	come	hear「聞く」	heard	take「持っていく」	taken
do「する」	done	leave「出発する」	left	teach「教える」	taught
go「行く」	gone	speak「話す」	spoken	write「書く」	written

【経験】「〜したことがある」

例 **Has** Ken ever **seen** this movie?

「ケンは今までにこの映画を見たことがありますか」

【完了】「〜したところだ」

例 **Have** you **done** your homework yet?

「あなたはもう宿題をしましたか」

【継続】「(ずっと)〜している」 状態の継続

※動作の継続を表すときは現在完了進行形を使うことが多い。

例 Anne **has known** my brother since she was ten.

「アンは10歳から私の兄[弟]を知っています」

よくでる 現在完了とともによく使われる語句

経験	ever「(疑問文で)今までに」，twice「2度」，before「以前」，never「一度も〜ない」
完了	just 〜「ちょうど〜」，already「すでに」，yet「(否定文で)まだ，(疑問文で)もう」
継続・現在完了進行形	for 〜「〜の間」(for＋「期間」を表す語句) since 〜「〜以来(ずっと)」(since＋「過去のある時点」を表す語句)

【現在完了進行形】「ずっと〜している」

過去に起こったある動作が現在まで続いていることを**〈have[has]＋been＋動詞の〜ing形〉**で表す。

例 **Mika has been practicing** the piano for two hours.

「ミカは2時間ずっとピアノを練習しています」

※動詞によっては，現在完了でも現在完了進行形でも，ほとんど意味がかわらない場合がある。

(例 live, rain, study, workなど)

入試問題で実力チェック!

1 次の文の(　)に入れるのに最も適切な語(句)を**ア**～**エ**の中からそれぞれ1つずつ選びなさい。

(1) They have (　　　) about Japan in Osaka for four months. 〈大阪府〉
(**ア** study　**イ** studied　**ウ** studying　**エ** to studying)
[　　　　]

正答率 74.2%
(2) I haven't (　　　) you for a long time. 〈栃木県〉
(**ア** see　**イ** seen　**ウ** seeing　**エ** saw)
[　　　　]

正答率 73.8%
(3) 〔 *On the way to school* 〕 〈福島県〉
A：It's warm today, too.
B：The weather (　　　) warm since Monday.
(**ア** will be　**イ** has been　**ウ** are　**エ** was)
[　　　　]

2 次の文の(　)内の語をそれぞれ適切な形に直して書きなさい。ただし，それぞれ1語で書くこと。

よくでる
(1) I've (decide) to read four books next month. 〈埼玉県〉
[　　　　]

よくでる
(2) Have you ever (be) there before? 〈静岡県〉
[　　　　]

3 次の日本語の意味になるように，(　)内の語(句)を並べかえなさい。ただし，不要な語(句)が1語あります。 〈沖縄県〉

ケンはまだ宿題を終えていません。
Ken (not / does / his homework / finished / has) yet.

Ken ＿＿＿＿＿＿＿＿＿＿＿＿＿＿＿＿＿＿＿＿ yet.

4 次の日本語の意味になるように，□に入る適切な英語1語をそれぞれ書きなさい。 〈京都府〉

この田んぼは，私が子どもの頃からずっと私のお気に入りの場所です。
This rice field has □ my favorite place □ I was a child.
[　　　　][　　　　]

5 次の対話文中の（　）内の語を並べかえなさい。なお，文頭にくる語も小文字で示してあります。

(1) *A*：Did you enjoy the movie last night? 〈千葉県〉
B：Yes, I have (an / never / interesting / such / seen) movie.

Yes, I have ______________________________ movie.

よくでる (2) *A*：(ever / been / you / have / to) Tokyo? 〈富山県〉
B：No, this is my first time to visit Tokyo.

______________________________ Tokyo?

(3) *A*：What (you / looking / have / been) for since this morning? 〈愛媛県〉
B：My dictionary. My father bought it for me.

What ______________________________ for since this morning?

(4) *Masato*：You play the guitar so well, Sara. 〈高知県〉
Sara　：Thank you, Masato. I just love playing it.
Masato：Well, (have / played / long / you / how) the guitar?
Sara　：For about 10 years.

Well, ______________________________ the guitar?

6 次の英文中の（　）内の語を並べかえなさい。 〈埼玉県〉

正答率 61.4%

(前略) I am going to play the guitar with Aki at the school festival. We (been / have / the / practicing) guitar together every day after school.

We ______________________________ guitar together every day after school.

ハイレベル **7** 次の対話文中の□に入れるのに最も適切な文を**ア**～**エ**の中から選びなさい。 〈富山県〉

Ryan　：Let's go to see the movie "My Dog." It's a good movie from America.
Kenta：Sorry. □
Ryan　：Then how about "Long River"?

ア I've been to America once.　　**イ** I've already seen it.
ウ I've never touched dogs.　　**エ** I've had a dog since last year.

[　　　　　]

でる順 5 位 文型

英語の文にはS(主語), V(動詞), O(目的語), C(補語)という4つの要素があり, それらを組み合わせることで, 基本的に5つの文構造をつくることができる。

(1) 4つの要素

【主語(S)】文の主題・中心になるもの。「～は」「～が」を表す。

例 I am from Japan. 「私は日本出身です」

【動詞(V)】主語の動作・状態を表すもの。

例 Naoko **cooks** spaghetti. 「ナオコはスパゲッティを作ります」

【目的語(O)】動作を受ける(人)や(物)。「～を」「～に」を表す。

例 We have **two dogs**. 「私たちは2匹の犬を飼っています」

【補語(C)】主語や目的語を説明するもの。

例 You are **tall**. 「あなたは背が高いです」

(2) 5つの文構造

【主語+動詞(S+V)】修飾語(句)が続くことが多い。

例 A bird flies. 「鳥は飛びます」
(A bird = S, flies = V)

例 Misa sings well. 「ミサは上手に歌います」
(Misa = S, sings = V, well = 修飾語)

【主語+動詞+補語(S+V+C)】S=C の関係である。名詞・形容詞などが補語になる。

例 I am tired. 「私は疲れています」
(I = S, am = V, tired = C)

例 You look happy. 「あなたは幸せそうに見えます」
(You = S, look = V, happy = C)

【主語+動詞+目的語(S+V+O)】名詞, 名詞句・名詞節などが目的語になる。

例 She plays the piano. 「彼女はピアノを弾きます」
(She = S, plays = V, the piano = O)

【主語+動詞+目的語+目的語(S+V+O_1+O_2)】O_1は人, O_2は物・事が多い。

例 My mother gave me a bag. 「私の母は私にかばんをくれました」
(My mother = S, gave = V, me = O_1, a bag = O_2)

例 Mr. Sumi told us that our performance was good. 「スミ先生は私たちの演奏が良かったと言いました」
(Mr. Sumi = S, told = V, us = O_1, that our performance was good = O_2)

※「(人)に(～ということ)を…する」という意味で, Vにshowやteachなどが入り, O_2にthat節や疑問詞節, 〈疑問詞+to〉が入ることもある。

ミス注意 〈S+V+O_1+O_2〉の文を〈S+V+O〉の文へ書きかえるとき

toをとるおもな動詞	send「送る」, show「見せる」, teach「教える」, tell「言う」など
forをとるおもな動詞	buy「買う」, find「見つける」, get「得る」, make「作る」など

【主語+動詞+目的語+補語(S+V+O+C)】O=C の関係である。

例 I call my cat Mimi. 「私は私のネコをミミと呼びます」
(I = S, call = V, my cat = O, Mimi = C)

入試問題で実力チェック！

1 次の文の（　）に入れるのに最も適切な語を**ア**～**エ**の中から選びなさい。

(1) Takashi (　　　　) happy when he plays baseball. 〈沖縄県〉
(**ア** sees　　**イ** looks　　**ウ** watches　　**エ** makes)
[　　　　　]

正答率 67.4%
(2) Takashi (　　　　) me how to fish. 〈栃木県〉
(**ア** taught　　**イ** called　　**ウ** helped　　**エ** knew)
[　　　　　]

(3) When I say "Good morning," they smile. That makes me (　　　　). 〈静岡県〉
(**ア** sad　　**イ** tired　　**ウ** sick　　**エ** happy)
[　　　　　]

2 次の日本語の意味になるように，（　）内の語（句）を並べかえなさい。ただし不要な語（句）が1語あります。 〈沖縄県〉

母は，いつも部屋をきれいにしておきます。
My mother (clean / keeps / tells / always / the room).

My mother ______________________________.

3 次の文の（　）に入れるのに最も適切な語を下の語群から選び，適切な形に直して書きなさい。ただし，1語で書くこと。 〈愛知県〉

People (　　　　) it *setomono*, and it became popular especially in the east of Japan.

語群：call / speak / eat / know / break

[　　　　　]

4 次の文中の(　)内の語を並べかえなさい。

正答率 78%

(1) I'll (pictures / you / some / show) which I took in the class. 〈新潟県〉

I'll ＿＿＿＿＿＿＿＿＿＿＿＿＿＿＿＿ which I took in the class.

(2) *A* : Have you ever been to the museum? 〈宮崎県〉
B : No. Will you (get / how / me / tell / to) there?

Will you ＿＿＿＿＿＿＿＿＿＿＿＿＿＿＿＿ there?

(3) *A* : Have you decided the name of your new dog? 〈宮崎県〉
B : Yes. I (Shiro / it / after / its / named) color.

I ＿＿＿＿＿＿＿＿＿＿＿＿＿＿＿＿ color.

(4) *Sally* : Your T-shirt looks nice. Where did you get it? 〈高知県〉
Kenji : My brother (for / to / it / gave / me) my birthday.
Sally : That's nice.

My brother ＿＿＿＿＿＿＿＿＿＿＿＿＿＿＿＿ my birthday.

(5) *A* : I heard Wangari Maathai was a great person. 〈岩手県〉
B : Yes. She was from Africa and introduced the Japanese word "*Mottainai*" to the world.
A : She also (famous / it / make / more / to / tried) in the world.

She also ＿＿＿＿＿＿＿＿＿＿＿＿＿＿＿＿ in the world.

5 次の対話文中の(　)内の語を並べかえなさい。ただし，不要な語が1語あります。〈神奈川県〉

A : Your English is very good. How do you learn English?
B : My mother always (me / tells / to / of / watch) English movies in English. So I do so every day.

My mother always ＿＿＿＿＿＿＿＿＿＿＿＿＿＿＿＿ English movies in English.

比較

【比較級】〈比較級＋than ～〉で「～よりも…」という意味。

比較級は，ふつう形容詞または副詞の語尾に-(e)rをつけてつくる。

比較的つづりが長い形容詞・副詞の場合は形を変えず，moreを前に置く。

例 Emi is **taller than Taro**.「エミはタロウよりも背が高いです」

例 Sam walks **more carefully than John**.「サムはジョンよりも注意深く歩きます」

よくでる 比較級を用いた重要な表現

〈比較級＋than any other＋単数名詞〉「ほかのどの～よりも…」

例 Mt. Fuji is **higher than any other mountain** in Japan.

「富士山は日本のほかのどの山よりも高いです」

〈比較級＋and＋比較級〉「ますます～」

例 We studied **harder and harder**.「私たちはますますいっしょうけんめいに勉強しました」

【最上級】〈the＋最上級＋in[of] ～〉で「～で最も…」という意味。

最上級は，ふつう形容詞または副詞の語尾に-(e)stをつけてつくる。

比較的つづりが長い形容詞・副詞の場合は形を変えず，mostを前に置く。

例 I am **the tallest in the class**.「私はクラスで最も背が高いです」

例 This is **the most interesting book** to me.「これは私にとって最もおもしろい本です」

よくでる 最上級を用いた重要な表現

〈one of the＋最上級＋複数名詞〉「最も…な～の1つ[1人]」

例 He is **one of the most famous singers** in Japan.「彼は日本で最も有名な歌手の1人です」

ミス注意 不規則変化する形容詞・副詞

原級	比較級	最上級
good「よい」，well「上手に」	better	best
bad「悪い」	worse	worst
many「多数の」，much「多量の」	more	most
little「少ない」	less	least

【as ... as ～】〈as＋原級（形容詞／副詞の変化していないもとの形）＋as ～〉で「～と同じくらい…」という意味。

例 Tom is **as tall as Kana**.「トムはカナと同じくらいの背の高さです」

例 I am **not as old as you**.「私はあなたほどの年齢ではありません」

入試問題で実力チェック！

1 次の文の（　）に入れるのに最も適切な語（句）を**ア**～**エ**の中からそれぞれ1つずつ選びなさい。

よくでる (1) That's Mt. Fuji. It's the (　　　　) mountain in Japan. 〈宮崎県〉
(**ア** high　**イ** higher　**ウ** highest　**エ** as high as)
[　　　　]

正答率 80.7% (2) 〔*In a park*〕 〈福島県〉
A：Hey, look. The boy over there is running very fast. Do you know him?
B：Yes, he is my classmate. He runs faster (　　　　) any other boy in my class.
(**ア** of　**イ** in　**ウ** than　**エ** as)
[　　　　]

2 次の文の□に入る適切な英語1語を書きなさい。ただし，(2)は□内に示された文字で始まる語とします。

(1) Experience sometimes teaches us more things □ books. 〈山梨県〉
[　　　　]

正答率 58% (2) *Jim*　：Hi, Maki. I heard you were sick and left school early yesterday. How are you today?
Maki：I feel much [b　　] than yesterday. I went to the hospital and took medicine.
Jim　：I'm glad to hear that. 〈岐阜県〉
[　　　　]

3 次の文の（　）内の語をそれぞれ適切な形に直して書きなさい。ただし，それぞれ1語で書くこと。

(1) My sister gets up (early) than I. 〈沖縄県〉
[　　　　]

よくでる (2) Takeshi is the (good) baseball player in our team. 〈沖縄県〉
[　　　　]

正答率 40% (3) *A*：I have 50 CDs. 〈千葉県〉
B：Really? But I think Tom has (many) CDs than you.
[　　　　]

(4) “The Great Buddha of Nara.” It is one of the (big) Buddhas in Japan. 〈茨城県〉

[ ]

4 次の対話文中の( )内の語をそれぞれ並べかえなさい。

よくでる

(1) *A*：Who runs faster, you or Ken? 〈富山県〉

B：I (fast / run / as / as) Ken.

I ______________________________ Ken.

(2) *A*：How was the movie? 〈岩手県〉

B：Well, it (interesting / not / as / was) as the movie we saw last month.

A：OK, I won’t see it then.

Well, it ______________________________ as the movie we saw last month.

(3) *A*：Do you like soccer? 〈富山県〉

B：Yes. Soccer (most / sport / is / the / exciting) to me.

Soccer ______________________________ to me.

(4) *A*：Do you have any pictures of Iwate? 〈岩手県〉

B：Yes. I have two good pictures. I’ll show you them.

A：Oh, the picture (better / Hiraizumi / in / than / looks / taken) the picture of Mt. Iwate.

B：Yes. I think so, too.

Oh, the picture ______________________________

______________________________ the picture of Mt. Iwate.

5 次の対話文中の( )内の語を並べかえなさい。ただし，不要な語が1語あります。〈神奈川県〉

A：Do you like this picture?

B：Yes. I think it’s the (I’ve / when / most / ever / picture / beautiful) seen.

I think it’s the ______________________________ seen.

でる順 7 位 疑問詞

疑問詞を使った疑問文は「いつ」,「どこで」,「だれが」など,**具体的な内容をたずねる。**答えるときはYes / Noではなく,具体的な内容を答える。

疑問詞	意味	質問と答え方の例文
what	何が[を]	**What** did Mika buy?「ミカは何を買いましたか」 — She bought **a racket**.「彼女はラケットを買いました」
when	いつ	**When** do you play tennis?「あなたはいつテニスをしますか」 — I play it **on Sundays**.「私は毎週日曜日にそれをします」
where	どこで[へ,に]	**Where** will you go tomorrow?「あなたは明日,どこへ行きますか」 — I will go **to the library**.「私は図書館へ行きます」
why	なぜ	**Why** do you like Ted?「なぜあなたはテッドが好きなのですか」 — **Because he is kind**.「なぜなら彼はやさしいからです」
which	どちらが[を]	**Which** do you like, dogs or cats?「あなたはイヌとネコのどちらが好きですか」 — I like **dogs**.「私はイヌが好きです」
who	だれが[を]	**Who** is that girl?「あの女の子はだれですか」 — She is **my sister**.「彼女は私の姉[妹]です」
whose	だれの(もの)	**Whose** book is this?「これはだれの本ですか」 — It is **mine**.「それは私のものです」
how	どのように	**How** do you go to school?「あなたはどうやって学校へ行きますか」 — I go to school **by bus**.「私はバスで学校へ行きます」

よくでる 〈How＋形容詞 ～?〉の疑問文

How many ～? 「いくつの～ですか」→数をたずねる。

How much ～? 「～はいくらですか」→値段をたずねる。

How old ～? 「～は何歳ですか」→年齢をたずねる。

How long ～? 「～はどのくらい(の長さ)ですか」→時間・距離をたずねる。

How often ～? 「どのくらい(の頻度(ひんど)で)～しますか」→頻度をたずねる。

ミス注意 疑問詞が主語になる疑問文

〈疑問詞＋動詞～?〉の語順で「だれが～しますか」のように,疑問詞が主語になる疑問文を作ることができる。この疑問文には〈主語＋動詞 ～.〉で答える。

例 **Which is** your bag?「どちらがあなたのかばんですか」
—**The red one is**.「赤いのです」

例 **Who made** this doll?「だれがこの人形を作りましたか」
—**Mary did**.「メアリーです」

入試問題で実力チェック！

1 次の対話文中の（　）に入れるのに最も適切な語を**ア**～**エ**の中からそれぞれ１つずつ選びなさい。

(1) *A*：(　　　) pencil is this? 〈神奈川県〉
B：It's mine.
（**ア** Who　**イ** Whose　**ウ** When　**エ** Where）
[　　　]

よくでる (2) *A*：Do you come to school by bike? 〈岩手県〉
B：No, I don't.
A：(　　　) do you come to school?
B：I walk to school every day.
（**ア** How　**イ** Which　**ウ** What　**エ** Where）
[　　　]

2 次の対話文中の□に入れるのに最も適切な文を**ア**～**エ**の中からそれぞれ１つずつ選びなさい。

(1) *A*：Oh, no! I can't find my phone. What should I do? 〈東京都〉
B：□ Maybe you will find it there.
ア Where did you use it last?　**イ** What did you buy?
ウ Can you help me?　**エ** Can I see your phone?
[　　　]

(2) *Jenny*：Hi, Shota. □ 〈富山県〉
Shota：I talked with our new ALT. He's nice!
Jenny：Wow, really? I want to see him soon.
ア Where are you from?　**イ** Why are you so excited?
ウ Which is your room?　**エ** What are you going to do?
[　　　]

3 次の文の（　）内の語をそれぞれ並べかえなさい。なお，文頭にくる語も小文字で示してあります。

(1) *A*：(rackets / how / you / do / many) have? 〈富山県〉
B：I have three. I bought a new one yesterday.

____________________ have?

(2) (picture / took / who / this)? 〈栃木県〉

____________________?

(3) *Woman*：Well, (to / bus / the / goes / which) museum? 〈岐阜県〉
Maki：Take the next bus. But please don't worry. I'm going to ride on the same bus.

Well, ____________________ museum?

文法編

でる順 8 位

関係代名詞

文中の(代)名詞を後ろから文が説明するとき，その文を導く語を**関係代名詞**という。関係代名詞が導く文によって説明される(代)名詞を**先行詞**という。主語のはたらきをするものを**主格**，目的語のはたらきをするものを**目的格**という。目的格の関係代名詞は省略することができる。

先行詞の種類	主格	目的格
人	who	
もの・動物	which	
人・もの・動物	that	

1 who

【主格】先行詞が〈人〉

例 I have a friend. +He lives in Canada.「私は友達がいます。彼はカナダに住んでいます」

例 I have a friend(先行詞) **who**(関係代名詞) lives(動詞) in Canada.「私にはカナダに住んでいる友達がいます」

2 which

【主格】先行詞が〈もの〉〈動物〉

例 This is a book. +It makes me happy.「これは本です。それは私をうれしくさせます」

例 This is a book(先行詞) **which**(関係代名詞) makes(動詞) me happy.「これは私をうれしくさせる本です」

【目的格】先行詞が〈もの〉〈動物〉

例 This is a movie. + I saw it yesterday.「これは映画です。私は昨日それを見ました」

例 This is a movie(先行詞) **which**(関係代名詞) I(主語) saw(動詞) yesterday.「これは私が昨日見た映画です」

whichは省略可。

3 that

【主格】先行詞が〈人〉〈もの〉〈動物〉

例 I know the boy. +He plays tennis well.「私はその少年を知っています。彼は上手にテニスをします」

例 I know the boy(先行詞) **that**(関係代名詞) plays(動詞) tennis well.「私はテニスが上手な少年を知っています」

【目的格】先行詞が〈人〉〈もの〉〈動物〉

例 I like this T-shirt. + I bought it last month.

「私はこのTシャツが好きです。私はそれを先月買いました」

例 I like this T-shirt(先行詞) **that**(関係代名詞) I(主語) bought(動詞) last month.「私は先月買ったこのTシャツが好きです」

thatは省略可。

入試問題で実力チェック!

1 次の文の(　)に入れるのに最も適切な語を**ア**～**エ**の中から選びなさい。〈沖縄県〉

My family has three cats. This is the cat (　　　) was born last week.
(**ア** which　**イ** it　**ウ** whose　**エ** and)　[　　　]

2 次の文の(　)に入れるのに最も適切な英語1語を書きなさい。〈茨城県〉

Many people (　　　) are interested in comics get together.

[　　　]

3 次の日本語の意味になるように,(　)内の語(句)を並べかえなさい。ただし,不要な語が1語あります。〈沖縄県〉

よくでる

あなたはだれかギターが上手な人を知っていますか。
Do you know (who / the guitar / which / plays / anyone) well?

Do you know ________________________________ well?

4 次の文の(　)内の語(句)をそれぞれ並べかえなさい。

正答率 30%

(1) There are (many foreign people / a lot of places / which / visit) in Kyoto. 〈栃木県〉

There are ________________________________ in Kyoto.

(2) *Man*：Excuse me, which (is / train / goes / the / to / that) Yamagata? 〈山形県〉
Girl：You can take that green train.

Excuse me, which ________________________________ Yamagata?

ハイレベル

(3) *A*：Have you ever seen cherry blossoms in Iwate? 〈岩手県〉
B：No, I haven't.
A：Iwate Park is one of the (by / enjoy / many people / places / loved / who) seeing them.
B：I want to go there this spring.

Iwate Park is one of the ________________________________ seeing them.

ハイレベル　正答率 28.8%

(4) *A*：I made some *origami* dolls yesterday. 〈宮崎県〉
B：Can you (the dolls / me / made / show / you)?

Can you ________________________________?

長文編
でる順 1 位

適切な語・文を補充する問題

1 (　)に適する語を選択肢から選び，文を完成させる問題

(　)の前後を読み，文の流れからどの語が適するかを考えよう。

例題 次の文を読み，(　)に適する語を選びなさい。

Yamano spent more of his life as a tree doctor. Before World War II, he began to work in the mountains. During the war, few people took care of (　　), and so a lot of trees became sick.

ア rivers　　**イ** forests　　**ウ** villages　　**エ** cities

答えと解説 イ

第１～２文から，ヤマノさんは木の医者(a tree doctor)で，第二次世界大戦の前から山で仕事をしていたことがわかる。第３文のand so「それで」に注目。「戦争の間，(　　)の世話をする人がほとんどいなかった。それで多くの木々が病気になった」と述べているので，(　)には，**イ** forests「森」が適する。

よくでる 〈tell/ask＋人＋to ～〉「(人)に～するように言う／頼む」
〈make ～…〉「～を…にする」

空所を補充する問題では，空所のあとにどういう語句が続くかに注目すること。以下の動詞が空所になっている問題はよく出題されている。

① tell＋人＋to ～「(人)に～するように言う」

My mother told me to wash my hands.「母は私に手を洗うように言いました」

＊sayも「言う」という意味だが，「人に言う」という場合は，〈say to＋人〉となる。

② ask＋人＋to ～「(人)に～するように頼む」

I asked Tom to teach me English.「私はトムに英語を教えてくれるように頼みました」

③ make ～…「～を…にする」

Mary made her mother happy.「メアリーは彼女の母親を幸せにしました」

The letter made me sad.「その手紙は私を悲しくさせた→その手紙によって私は悲しくなりました」

2 正しい組み合わせの語(句)を選ぶ問題

いくつかの空所に入る語(句)の正しい組み合わせを選ぼう。

例題 本文の内容に合うように，英文中の(①)，(②)の中に入れるものの組み合わせとして最も適するものを選びなさい。 〈神奈川県〉

(前略) I am from China. I came to Japan about three months ago. Now I speak some Japanese, but when I came to Japan, I couldn't speak Japanese. So I talked with Japanese people in (①). Japanese students study English. Many Chinese students study English in China, too. Different people in the world speak different languages, but many of them study the (②) language, English. So, if we use English, all of us can talk with each other.

ア ①Japanese ②some イ ①English ②same

ウ ①English ②many エ ①Japanese ②same

答えと解説 イ

「私は日本語が話せなかった」を受けて「それで，私は日本の人と(①)で話をした」と言っているので，①にはJapaneseは入らないとわかる。②を含む文は「世界のさまざまな人々は異なる言語を話すが，彼らの多くが(②)言語，すなわち英語を学んでいる」という意味。butがあるので，different languagesと反対の意味になるように，②にはsameを選ぶ。

ミス注意 ②のあとは，languagesではなくlanguageと単数になっているので，manyやsomeは入らないことに注意しよう。

3 ( )に適する1文を選び，対話を完成させる問題

( )の前のセリフだけでなく，( )のあとのセリフとも自然につながる文を選ぼう。

例題 ( )に適する1文を下から選び，記号を書きなさい。

Peter : Let's play soccer after school, Takeshi.

Takeshi : ( )

Peter : How about tomorrow, then?

ア I'm sorry, I can't play today. イ Yes. Where shall we play?

ウ Will you go to school tomorrow? エ I like playing soccer. Do you like it?

答えと解説 ア

( )の前でピーターが「放課後にサッカーをしようよ，タケシ」と言い，( )のあとでピーターが「それなら，明日はどう？」とたずねているので，「ごめん，今日はできないんだ」と言っているアが正解。

入試問題で実力チェック！

1 次は，Taroと留学生のAnnとの対話の一部である。これを読んで，あとの問いに答えなさい。

〈山口県〉

Ann : How do you usually *spend New Year's Day?

Taro : Well, I go to my grandmother's house with my family ＿＿(A)＿＿ we have special food such as *ozoni*. Have you ever eaten *ozoni*?

Ann : No. What's that?

Taro : It's a Japanese traditional soup dish for New Year's Day. We ＿＿(B)＿＿ it *ozoni*.

Ann : A special dish for New Year's Day? That sounds interesting.

Taro : On New Year's Day this year, my aunt came to see us with her son. He was too little to eat *ozoni* well, so I helped him. I like to ＿＿(C)＿＿ little children. We enjoyed *ozoni* together.

（注）spend ～　～を過ごす

下線部(A)，(B)，(C)に入る最も適切なものを，それぞれ1～4から選び，記号で答えなさい。

(A)　1．that　2．while　3．which　4．and

(B)　1．give　2．call　3．try　4．show

(C)　1．come from　2．arrive at　3．take care of　4．be famous for

(A)[　　　　]　(B)[　　　　]　(C)[　　　　]

2 次の英文は，中学生の直人と妹の由香，由香の主治医の岡先生について書かれたものである。これを読んで，あとの問いに答えなさい。

〈長崎県〉

（前略）　Something happened to the family when Naoto became a third-year student. Yuka got very sick. Then they found that she had a *serious *disease. Naoto was [　A　] because he heard she should stay in the hospital for a long time. He wanted to help her but didn't know what to do. One day his mother asked him to take Yuka's clothes to the hospital. When he entered Yuka's room, she looked at him and said, "I'm so afraid of my disease that I can't sleep at night." He was very *shocked to hear that. "What should I do?" she said, but he couldn't say anything. Then Mr. Oka came into the room. "You look sad. Are you OK?" he said to Yuka. She couldn't talk *for a while, but Mr. Oka smiled and waited. Then she started to talk and Mr. Oka [　B　]. She *gradually became *relieved and smiled to Mr. Oka. Naoto found that Yuka's *feelings changed.　（後略）

（注）serious　深刻な　disease　病気　shocked　衝撃を受けた　for a while　しばらくの間
gradually　しだいに　relieved　安心した　feeling(s)　気持ち

本文中の[　A　]と[　B　]に入る英語として最も適当なものを下の**ア**～**ウ**の中から1つ選び，その記号を書きなさい。

[　A　]　**ア**　excited　**イ**　happy　**ウ**　worried　A[　　　　]　B[　　　　]

[　B　]　**ア**　stopped her quickly　**イ**　left the room soon　**ウ**　just listened to her

よくでる **3** 次の英文は，静岡県でホームステイを始めたアメリカ人のジム(Jim)と，ホームステイ先の健太(Kenta)との会話である。会話の流れが自然になるように，本文中のA～Cの[　　]の中に補う英語として，それぞれ**ア**～**ウ**の中から最も適切なものを1つ選び，記号で答えなさい。

〈静岡県〉

(*Kenta takes Jim to a *ramen restaurant for the first time.*)

Jim : Can I see the *menu?

Kenta : Sure. [　A　]

Jim : Thank you. Oh, there are many kinds of *ramen* on it. Let's see ... Kenta, which is the best one to eat?

Kenta : How about this? It's really good. I'll *order it.

Jim : Then I'll order the same one, too.

(*A *waiter brings two hand *towels and two *glasses of water. Kenta and Jim order their ramen.*)

Jim : How do I use this hot hand towel?

Kenta : Before eating, we make our hands clean by *wiping them with it. We call it *oshibori.*

Jim : Oh, that's a nice *service. In America, we usually have paper *napkins to wipe our hands, but I haven't seen *oshibori* before. Hot *oshibori* is good on a cold day like today. I like it.

Kenta : Waiters usually give us cold *oshibori* in summer, too.

Jim : Wow! They really take care of us.

Kenta : [　B　] They understand what the right service is and when the right time for it is. Do you know the word *omotenashi*? It's a Japanese word that means good service.

Jim : That's nice. Oh, look! The waiter brought our *ramen*. Let's eat.

(*Just then Jim *knocks his glass over. Kenta uses his and Jim's oshibori to wipe the table.*)

Kenta : [　C　]

Jim : Yes, thank you. I'm sorry you *cannot use your *oshibori* any more.

Kenta : It's all right. Sometimes we use *oshibori* like this. It's so useful because it has a lot of ways to use.

(*Soon the waiter brings new oshibori. Kenta and Jim wipe their hands.*)

Jim : The waiter gave us new *oshibori* just when we needed them. I'm really glad. I think it's *omotenashi.*

Kenta : Yes. Do you like *omotenashi*?

Jim : Of course!

(注) *ramen* ラーメン　menu メニュー　order 注文する　waiter(s) 店員　towel(s) タオル　glass(es) コップ　wiping wipe(ふく)のing形　service サービス　napkin(s) ナプキン　knock ～ over ～を倒す　not ～ any more もはや～ない

A **ア** I see. **イ** Here you are. **ウ** You're welcome.

B **ア** I don't think so. **イ** Excuse me. **ウ** That's true.

C **ア** Are you OK? **イ** How are you? **ウ** What are you doing?

A[　　　　] B[　　　　] C[　　　　]

4 次の英文は，あるテーマについて４人の中学生が話し合っている場面のものです。（ ① ）～（ ④ ）に入れるのに最も適当なものを，それぞれ**ア～オ**から１つ選び，その記号を書きなさい。〈大分県〉

テーマ **Every student should *belong to a club at school.**

Yuki : I think it's a good idea for every student to belong to a club at school. (①). For example, I am a member of the volleyball club. My team was not strong, but we practiced very hard every day. Finally, we won the game last month. I learned that *making an effort is very important.

Takashi : I understand your idea, Yuki. We may have a great experience. (②). What do you do if there isn't any club you like? For example, I like playing the piano. But our school doesn't have a music club. So I began taking piano lessons near my house.

Megumi : I agree with Takashi. We should decide *whether we will join a club at school or not. I belong to the basketball club and I know *club activities are important. But I often have to *give up my free time. After I practice basketball at school, I have to do my homework at home. (③).

Taro : That's right, Megumi. We will be very busy if we join a club at school. But I don't think there will be any problems if every student belongs to a club at school. For example, I have been a member of tennis club for two years. I don't have much time, but I can practice tennis, do my homework and have my free time. (④).

（注）belong to ～　～に所属する　making an effort　努力すること　whether ～ or not　～かどうか　club activities　部活動　give up ～　～をあきらめる

ア But we will be healthy if we join a club
イ We don't have to choose only one thing
ウ But I don't think every student should join a club
エ It teaches us important things
オ So I don't have enough time for my hobbies

正答率 59.3%　①[　　　　]　正答率 48.1%　②[　　　　]

正答率 57.4%　③[　　　　]　正答率 39.9%　④[　　　　]

5 次の英文は，高校生の早紀(Saki)とALT(外国語指導助手)のトム(Tom)の対話です。これを読み，あとの問いに答えなさい。〈和歌山県〉

Tom : Saki, how was your holiday?

Saki : Wonderful! I joined a program to *guide foreign students in English. Three students came to our town.

Tom : I see. Where were they from?

Saki : They were from *New Zealand. I guided Mike, one of the students.

Tom : I see. How was it?

Saki : In the morning, I had a problem. I just〔 ① 〕him my name and started guiding him. I gave him some information from a *guidebook. However, he didn't look happy. [A]

Tom : So why was your holiday wonderful?

Saki : When we had lunch, we talked about our *hobbies, schools, and so on. After that, Mike showed me a book. It was about Japanese movies. I love Japanese movies, too! We talked about Japanese movies which were popular in New Zealand.

Tom : Good! [B] You made a good *relationship with Mike at lunch time.

Saki : Yes. I really enjoyed lunch time with Mike. In the afternoon, we went to a temple. I started guiding him again. Mike looked happy and asked me many questions about the temple. I *answered his questions. Mike smiled. I was glad that he was〔 ② 〕.

Tom : I'm sure he had a good time with you.

Saki : Thank you. I realized the importance of making a good relationship with people.

Tom : That's great.

Saki : By making a good relationship with *tourists, we can make their〔 ③ 〕better.

Tom : That's right.

（注）guide 案内する　New Zealand ニュージーランド　guidebook ガイドブック
hobby 趣味　relationship 関係　answer 答える　tourist 旅行者

(1) 文中の〔 ① 〕～〔 ③ 〕にあてはまる語の組み合わせとして最も適切なものを，次の**ア**～**エ**の中から１つ選び，その記号を書きなさい。

ア ① told ② interested ③ stay
イ ① gave ② angry ③ experience
ウ ① bought ② surprised ③ holiday
エ ① showed ② excited ③ movies

［　　　　］

(2) 対話の流れに合うように，文中の[A]，[B]にあてはまる最も適切なものを，それぞれ**ア**～**エ**の中から１つずつ選び，その記号を書きなさい。

[A]
ア He was glad to listen to me.
イ He didn't come to my town.
ウ I was also happy when I talked with him.
エ I didn't know what to do.

[B]
ア Talking about Japanese movies sounds interesting.
イ Visiting a temple sounds interesting.
ウ Making lunch together sounds interesting.
エ Studying foreign languages with Mike sounds interesting.

A［　　　　］ B［　　　　］

長文編
でる順 2 位

内容正誤問題

本文の内容に合う[合わない]日本語の文を選ぶ問題

本文中から選択肢の内容が書かれている部分を見つけて，正しいか誤りかを判断しよう。

数に関する内容は特に問われやすいので，しっかりチェックしよう。

例題 本文の内容に合う文を選び，記号で答えなさい。

Hello, Mrs. White! My name is Haruko. I am sixteen years old. I am happy to know that I will be able to stay at your house in America from July 27th to August 10th this summer. I am looking forward to staying in your country and learning many things. I want to visit many places and make many new friends. I like cooking and I'd like to cook some Japanese food for you. I still have many things to do in Japan, but I want to leave Japan now! I am looking forward to meeting you soon.

ア ハルコは，アメリカに滞在している間に16歳になる。

イ ハルコは，料理が好きではないが，日本食を作るつもりである。

ウ ハルコは，アメリカに行くまでにすることがたくさんある。

答えと解説 ウ

ア ハルコの年齢については，第３文に「私は16歳です」とある。次の文から，ハルコがこの夏，アメリカを訪れる予定だとわかるので，「アメリカに滞在している間に16歳になる」は本文の内容に合わない。

イ 料理については，最後から３文目に「私は料理が好きで，あなたのために日本食を作りたいです」とある。「料理が好きではない」という部分が，本文の内容と合わない。

ウ 最後から２文目に「私はまだ日本でやるべきことがたくさんありますが，すぐにでも日本を出発したいです」とあるので，本文の内容に合う。

よくでる 接続詞

接続詞の意味をとらえると，長文の内容が理解しやすくなる。

① **but「だが，しかし」** →前で述べられたことに対し，内容的に対立していることが続く。

② **so「それで，だから」** →前で述べられたことを受けて，その〈結果〉が続く。

③ **because「なぜなら～，～なので」** →前で述べられたことの〈原因〉や〈理由〉が続く。

入試問題で実力チェック！

1 次は，アメリカに住む，あなたの友人であるDannyから届いたメールです。これを読んで，あとの問いに答えなさい。 〈埼玉県〉

Hi, how are you doing?

Last month, I watched an old movie on TV with my mother. She said that the old movie was her favorite. She watched it many times when she was young. It was a *science fiction movie, and in the movie, a scientist makes many things, like a time machine. With a time machine, you can go to the future and see what happens. I really loved the movie. That night, my little brother went to bed early, so my mother recorded the movie for him. The next day, she showed him the movie, too. After he finished watching the movie, he said, "I want to go to the future, too!" My brother and I like the movie as much as our mother likes it. We have watched it many times since then. If I traveled to the future, I could see what my life is like. *As for my future, I'd like to be a doctor. I hope my dream will come true. How about you? What is your dream for the future?

（注）science fiction movie　SF映画　　as for ～　～について言えば

正答率 50.8%

本文の内容と合うものを，次の**ア**～**エ**の中から１つ選び，その記号を書きなさい。

ア　Dannyは，このメールを書くまでに何度もその映画を見た。
イ　Dannyの母は科学者なので，タイムマシンを作りたいと考えている。
ウ　Dannyは先月初めて，Dannyの弟にその映画を見せてもらった。
エ　Dannyは，弟と一緒に見るまで，その映画を見たことがなかった。　[　　　　　]

2 次の文章を読んで，その内容に合っているものを**ア**～**エ**から１つ選び，その記号を書きなさい。 〈三重県〉

Sanae is a high school student. She has been a member of the chorus in her school for two years. She enjoys singing songs. There are thirteen students in the chorus. They practice very hard after school almost every day to perform well for their audience. Last Saturday, they visited an elementary school to have a concert. After the concert, one of the children said to Sanae, "I'm Naoki. I enjoyed your songs very much. Thank you." She said to him, "I'm happy to hear that. Do you like singing songs?" He said, "Yes." She said, "Will you sing your favorite song?" He said, "Sure." Then he started singing his favorite song. When he finished singing it, she said, "Great. Who taught you that song?" He said, "My grandmother did. We always sing songs together when I see her." She said, "I see. You have a nice grandmother."

ア　Sanae became a member of the chorus in her school two months ago.
イ　The members of the chorus had a concert at an elementary school last Saturday.
ウ　Naoki asked Sanae to sing her favorite song to him after the concert.
エ　Sanae told Naoki about her favorite song taught by her grandmother.

[　　　　　]

3 次の英文は，玉城先生（Mr. Tamaki）を進行役とし，中学生のタケシ（Takeshi）とマユミ（Mayumi）が英語で討論をしている様子です。本文の内容と一致する文を**ア**～**エ**のうちから１つ選び，その記号を書きなさい。〈沖縄県〉

Mr. Tamaki : We are going to talk about the problem of *overweight people in Okinawa. Because many people are overweight, many of them become sick. First, let's talk about the reasons for this problem.

Takeshi : I think people in Okinawa do not walk much; that's the problem. For example, my mother drives to the supermarket, but it is near our house.

Mayumi : That's right. Also, I think many people in Okinawa eat a lot of *unhealthy foods, for example, *fried foods. I heard that a *bento with a lot of fried foods in it has more than 1,000 *kcal.

Mr. Tamaki : You two gave important reasons. So, what can we do about it?

Takeshi : We should walk more often. Many parents *give their children rides to school. I think we should stop that.

Mayumi : I think restaurants should have *healthier foods. You know, traditional foods of Okinawa are very healthy, because they have more vegetables and *seaweed in them. I think we should eat them more often at restaurants and at home.

Mr. Tamaki : Good points. People in Okinawa have started to think about this problem *seriously. I often see people walking in the park near my house, and there are many healthy foods in some restaurants. How about at school? Is there anything our school can do?

Mayumi : I think *"food education" is important. If people learn more about food, they may stop eating unhealthy foods.

Takeshi : Also, in *P.E. class I would like to learn about some *easy exercises that I can do every day.

Mr. Tamaki : Great. Thank you for your ideas!

（注）overweight　体重過剰　　unhealthy　健康的でない　　fried　（油で）あげた　　bento　弁当
kcal　キロカロリー　　give ～ rides　～を車に乗せる　　healthier　より健康的な
seaweed　海そう　　seriously　真剣に　　"food education"　「食育」(食に関する教育)
P.E. class　体育の授業　　easy exercises　簡単な運動

ア　Mayumi thinks people in Okinawa should not eat fried foods too much.
イ　Takeshi thinks it is good to exercise very hard.
ウ　Takeshi thinks eating healthy foods is important.
エ　Mr. Tamaki doesn't like the ideas of his students.

[　　　　　]

次の英文を読んで，あとの問いに答えなさい。 〈栃木県〉

"Ryu, you are the new *leader of the volunteer club," Ms. Yamada, our club *adviser, said to me at the meeting. I was excited to hear that. I said in a loud voice, "I'll do my best as a leader." When I looked up, I could see the beautiful sky. I was full of hope.

While I was walking home, I met Hiro, my uncle. He is the leader in his *community. He is respected by people living there. He said, "Hi, Ryu. What's up?" "I became the leader of the club!" I answered. He said, "Great! By the way, I am looking for some volunteers for the Summer Festival. Can you help us with the festival?" "Sure!"

The next day, I told the members about the Summer Festival. "Hiro asked us to join the festival as volunteers. He also wants us to make five *posters and display them in our school." Some members said to me, "We will make the posters." I said, "Thank you, but I think I can do it *by myself." "Really?" "Yes, of course! I must do it by myself because I am the leader."

One week later at the club meeting, Ms. Yamada asked me, "Ryu, have you finished the posters?" I answered in a small voice, "Not yet. I've finished only two." She said, "Oh, no. Everyone, please help Ryu." While other members were making the posters, I couldn't look at their faces. I felt bad.

A few weeks later, the festival was held. The members were enjoying the volunteer activities. But I wasn't happy because I couldn't finish making the posters by myself. I thought, "I'm not a good leader." The *fireworks started, but I looked down at the ground.

Then, Hiro came and asked, "Ryu, what happened?" I answered, "As a leader, I was trying to make all the posters by myself, but I couldn't." Hiro said, "Listen. Do you think leaders must do everything without any help? I don't think so. I work together with people living here. We live together, work together, and help each other." His words gave me energy. "I understand, Hiro. I'll work with my club members."

At the next club meeting, I said, "I'm sorry. I believed that leaders must do everything without any help, but that wasn't true." Everyone listened to me *quietly. "I've learned working together is important. I want to work with all of you." I continued, "Let's talk about a new activity today. What do you want to do?" One of the members said, "How about *planting flowers at the station?" Then, everyone started to talk. "Sounds good!" "Let's ask local people to get together." "Working with them will be fun." Everyone was smiling. When I saw the sky, the sun was shining.

（注）leader リーダー　adviser 助言者　community 地域　poster ポスター
by oneself ひとりで　firework 花火　quietly 静かに　plant ～ ～を植える

本文の内容と一致するものはどれか。二つ選びなさい。

ア Hiro chose Ryu as the new leader of the volunteer club in the community.
イ Hiro wanted Ryu and his club members to take part in the festival as volunteers.
ウ Ryu asked his members to make the posters, but no one tried to help him.
エ Ryu finished making all the posters before Ms. Yamada told him to make them.
オ After the Summer Festival, Ryu and his club members talked about a new activity.
カ When Ryu grew flowers with local people, every club member was having fun.

[　　　　　] [　　　　　]

長文編 でる順 3 位

英語の問いに英語で答える問題

問いの内容を本文から探す問題

英語の問いの内容が本文のどこに述べられているかを探し出し，正しい英語で答えよう。

本文をそのまま抜き出すのではなく，問いに合わせて，人称代名詞や動詞の形を変えなければならないことが多いので注意しよう。　(例) I→He，my→his，run→runsなど

例題 次の英文は，中学生の彩香 (Ayaka) が書いたものである。この英文を読んで，下の質問に対して，英語で答えなさい。〈静岡県〉

(前略)　When we were practicing that day, I *fell down. I felt a *pain in my *ankle and I couldn't stand up. Everyone came to help me. The teacher took care of my ankle and said, "You should go to the doctor." Then he called my mother. After a while, she came and took me to the doctor. The doctor said, "You have to stop playing basketball for a month." I was very sad. (後略)

(注) fell down　転んだ　　pain　痛み　　ankle　足首

How long did the doctor tell Ayaka to stop playing basketball?

答えと解説 **(The doctor told her to stop playing basketball) For a month.**

問いは「その医師は彩香にどのくらいの間，バスケットボールをやめるように言いましたか」という意味。最後から2文目に「あなたは1か月の間，バスケットボールをするのをやめなければなりません」とあるので，「1か月間」または主語と動詞のある文で「その医師は1か月間彼女にバスケットボールをするのをやめるように言いました」と答える。

よくでる 疑問文と答え方

疑問文とその答え方の基本を確認しておこう。主語や動詞の形に注意！

① 「だれか」をたずねる文

Who brought these flowers to the station?「駅にこれらの花を持ってきたのはだれですか」

Ms. Sasaki did.「佐々木さんです」

② 「どのくらいの間」をたずねる文

How long did Tom stay in Japan?「トムはどのくらいの間，日本に滞在しましたか」

He stayed for a week.「彼は1週間滞在しました」

入試問題で実力チェック！

1 次の英文を読んで，あとの問いに答えなさい。 〈山口県〉

Masato and Tom are junior high school students. They have been friends for a year and Tom has learned how to speak Japanese well during his stay in Japan.

Tom is interested in Japanese culture, especially *manga*. Masato also likes it and they often enjoy talking about the stories. Tom is also interested in *kendo*. He often practices it with Masato. They have had a great time together. But Tom is going to leave Japan and go back to London this July. （後略）

次の質問に対する答えとして，本文の内容に合う最も適切なものを１～４から選び，記号で答えなさい。

What do Masato and Tom usually enjoy together?

１．Creating a story about *kendo*.　　２．Studying English.

３．Talking about *manga*.　　４．Listening to *tanka*.　　[　　　　]

2 次の対話文を読んで，あとの問いに英語で答えなさい。 〈三重県・改〉

Mike : Lucy, are you busy next Sunday?
Lucy : Well, I'm going to *go shopping with my mother. Why?
Mike : I'm going to see a movie with Mary and John. We want you to join us.
Lucy : Oh, I see. Will you tell me about the movie?
Mike : O.K. It's an *exciting movie and *Tom Cruise is in it.
Lucy : Tom Cruise! I like him very much. I want to see it. What time does it start?
Mike : It starts at ten in the morning.
Lucy : Then, what time does it *end?
Mike : Well, it ends at twelve thirty.
Lucy : Oh, I see. Then, I think I can go shopping in the afternoon. I'll ask my mother.
Mike : That's good. Mary and John will be happy to see you. （後略）

（注）go shopping　買い物に行く　　exciting　わくわくする
Tom Cruise　トム・クルーズ（アメリカの俳優）　　end　終わる

(1) Why did Lucy want to see the movie?

____

____

(2) How long does the movie take?

____

____

 **3** 次の英文は，高校1年生の礼子（Reiko）さんが，高校入学後に取り組んだことについて書いたものである。これを読んで，次の(1)・(2)の問いに対する答えを，(1)は3語以上，(2)は5語以上の英文1文で書きなさい。ただし，符号は語数に含めない。〈徳島県〉

When I became a high school student, I had many hopes and dreams. I wanted to do well in my studies and make many friends. Also, I was interested in starting something new. "How about trying something that I haven't done? High school is a good place to do it," I thought.

During my first English class, my new English teacher Mr. Yokota talked about how to learn English. He told us many good ways, but when he said "*Keeping a diary in English will improve your English," I liked it the best. "This is a new thing to me, and it will help my English. Good idea. I will start a diary today," I thought. I bought a beautiful blue notebook on my way home. At that night, I wrote, "April 11. My first English class. I've started to keep a diary in English," on the first page.

At that time, I had many exciting things. A new school life started. I made a new friend. Her name is Airi. We joined the volleyball club together and that was another new thing to me. I wrote about those experiences to remember them. My writing went well in April. （後略）

（注）keep a diary　日記をつける

(1) Did Reiko want to make many friends when she started her high school life?

____

(2) What club did Reiko join after she entered high school?

____

ヒント (2)名詞の前のwhatは「何の～，どんな～」の意味を表す。

4 次の英文は，中学生の健（Ken）が，ボランティア活動（a volunteer activity）をしたときのことについて書いたものである。この英文を読んで，あとの問いに答えなさい。〈静岡県〉

During the summer vacation, I visited a *nursing home for four days to work as a volunteer.

In the afternoon of the first day, many *residents were enjoying their *teatime. Eight residents were sitting around a big table in the *dining room. A *care worker said to me, “Ken, come here. Why don’t you talk together?” I felt a little nervous. But I went to the table and said to the eight residents, “Good afternoon, I’m Ken. Nice to meet you.” Then, I sat next to an old woman called Reiko-san. She smiled and said to me, “Hello. How old are you? Where do you live?” I answered, “Well, I’m fourteen. I live near this nursing home.” I was happy when Reiko-san talked to me. Then, I wanted to ask some questions about her, but I didn’t know what I should ask. So, I didn’t ask anything, and we kept quiet. I felt sorry for her.

In the teatime of the second day, Reiko-san was drinking tea. When I saw her, I wanted to talk a lot with her. So, I told her about *various things. But she just smiled and listened to me. I didn’t think Reiko-san was enjoying her time with me.

In the afternoon of the next day, I helped to clean the *hall at the nursing home. When I was cleaning, I found many pictures *painted by the residents. I stopped cleaning to look at the pictures because I liked painting. At that time, a wonderful picture caught my eye. I found Reiko-san’s name under it. I said to a care worker, “This picture painted by Reiko-san is wonderful.” He said, “Yes. She can paint pictures the best of all the residents.” I was glad I found a *topic to share with Reiko-san. （後略）

（注）nursing home　老人ホーム　　resident　入居者　　teatime　お茶の時間　　dining room　食堂
care worker　介護福祉士　　various　さまざまな　　hall　大広間　　paint　～を描く　　topic　話題

次の質問に対して，英語で答えなさい。

(1) How did Ken feel before talking to the eight residents on the first day?

____

正答率 54.7%

(2) What did Ken do to talk a lot with Reiko-san on the second day?

____

ヒント ①howは「どんな～」の意味を表し，人の感情や様子をたずねる。

下線部の内容を説明する問題

1 下線部の内容を具体的に説明する問題

下線部をより具体的に述べている文を探そう。

具体的な内容は，下線部の前に述べられることが多い。前に見つからなかった場合は，後ろの部分も探そう。

例題 次の英文は，高校生の通学方法について中学３年生の里奈(Rina)とALTのジョン先生(John)が話をしている場面である。下線部について，里奈が驚いたのはどのようなことか。日本語で書きなさい。〈佐賀県〉

Rina : Look at that red car. It is cool. I want to drive a car like that.

John : Do you know that high school students can drive in America?

Rina : Really? I didn't know that. In Japan, we can go to a driving school after we are 18 years old. （後略）

答えと解説 高校生はアメリカでは自動車を運転してもよいということ。

下線部にあるthatは前文のhigh school students以下を指しているので，この部分をまとめる。

2 下線部の理由，原因，結果を説明する問題

下線部の前後に注意して，話の流れを正確につかんでいこう。

例題 次の文章の中の下線部にAyaka was embarrassed.とあるが，Ayakaはなぜ困ったのか，Janeの質問内容に具体的にふれて，その理由を日本語で書きなさい。〈三重県〉

（前略） Jane said to Ayaka, "My friend, Tom, visited some *temples in Kyoto last month. He gave a picture of a temple to me. Please look at this picture." Ayaka said, "This is the famous temple, *Kinkaku-ji." Jane asked, "Why is this temple *golden? Please tell the *reason to me." Ayaka said, "Well, I don't know." Jane asked some other questions about Kinkaku-ji, but Ayaka could not answer them. Ayaka *was embarrassed. （後略）

（注）temple(s) 寺　Kinkaku-ji 金閣寺　golden 金色の　reason 理由　was embarrassed 困った

答えと解説 **Janeの，なぜ金閣寺が金色かという質問や，金閣寺についてのほかの質問に答えられなかったから。**

下線部は「アヤカは困った」という意味。下線部より前の部分から，Janeの金閣寺はなぜ金色なのかという質問や，金閣寺に関するほかのいくつかの質問にアヤカが答えられなかったことがわかるので，この部分をまとめよう。

入試問題で実力チェック！

1 下線部が指す内容は何か。具体的に日本語で書きなさい。 〈栃木県〉

The earth is called “a water planet.” There is a lot of water on the earth but we can’t use most of the water. Do you know the reason for this? Most water on the earth is salt water. （後略）

____

____

2 次の英文は，高校生の拓（Taku）とALT（外国語指導助手）のライアン（Ryan）の対話です。下線部 I thought I had to study English harder. の理由を，日本語で具体的に書きなさい。 〈和歌山県〉

（前略）

Ryan : How was your presentation?

Taku : The students enjoyed it very much and I was happy to see that. After my presentation, some students asked me questions in English. But I couldn’t understand their English well and I didn’t know what to say. I thought I had to study English harder. I have to memorize more words and phrases.

Ryan : Well, memorizing words and phrases is important, but I think it’s not enough to be a good speaker of English. （後略）

____

____

3 次の英文は，卒業を控えた中学３年生のTaroが英語の授業でスピーチを行っている場面のものです。英文を読み，あとの問いに答えなさい。 〈大分県〉

（前略）

Do you remember the chorus contest in November? I really wanted to win the contest. However, it was very difficult for our group to sing the song well. One of the members in my group said, “Other groups are doing well. What should we do?” Another member said, “We need more time. How about practicing the song early in the morning?” Some members said, “We have already practiced the song enough. We have to find the new way to sing the song well.” Each member had a different idea. I felt that it was difficult for everyone to understand different ideas.

What should we do to improve the situation? I think that words are important because they show our own feelings. We use words to show what we really think or how we feel. So we should tell our ideas with our own words. Then we should also try to listen to the ideas of other people. By doing so, we can understand what other people really want to say. I think listening to different ideas is the first *step to communicate with other people better. This will improve the situation. （後略）

（注）step　一歩

下線部が表す内容として最も適当なものを，**ア**～**エ**から１つ選び，記号を書きなさい。

ア　If we try to listen to different ideas, we can make communication more successful.
イ　If we have different ideas, we should not tell them to other people.
ウ　If we want to show our feelings, we must speak to other people with a smile.
エ　If other people tell us different ideas, we must ask questions about the ideas.

[　　　　　　　]

正答率 88.0%　**4**　次は，中学生の彩（Aya）さんと留学生のジャック（Jack）さんの対話です。これを読んで，あとの問いに答えなさい。　〈山形県〉

（前略）

Aya : By the way, we can see some traditional Japanese culture on *UNESCO's website.
Jack : Really? For example?
Aya : *Washoku*, *Washi* and many events held in Japan. I also found some events people enjoy in Yamagata-ken.
Jack : Amazing! Now I want to know more about traditional events in Yamagata-ken.
Aya : Then you should go to the library. There are books about them.
Jack : OK. I will go there and read the books tomorrow.

（注）UNESCO　ユネスコ

ジャックさんが下線部のように考えたのは，ジャックさんが何をしたいからですか。対話の内容に即して日本語で書きなさい。

5　次の英文は，高校生の涼真（Ryoma）が英語の授業で書いた，海外からの転校生についての作文の一部である。これを読んで，あとの問いに答えなさい。　〈京都府〉

（前略） He sat next to me in the classroom. He studied very hard in every class in Japanese. I asked him, "Do you sometimes feel studying in Japanese is hard?" He smiled and said to me, "No, I don't. Every class is interesting." I understood how hard he studied, so I respected him. When he had a Japanese word he couldn't understand, he always asked people around him a question. Also, he often tried to speak Japanese with us, and his Japanese became better. （後略）

下線部は具体的にはどのような発言と考えられるか，次の**ア**～**エ**のうち最も適当なものを1つ選び，その記号を書きなさい。

ア “Can you tell me what this Japanese word means?”
イ “Do you want to know what this word means in English?”
ウ “Are there many people learning English in your country?”
エ “How often do you speak Japanese in your house?”

[　　　　　]

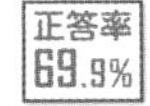

6 中学生の高志（Takashi）さんの家には，留学生のジョン（John）さんがホームステイしていました。次の英文は，ジョンさんが高志さんの町に滞在している様子について描いたものの一部です。これを読んで，あとの問いに答えなさい。 〈山形県〉

（前略） The next day, John and Takashi went to the history museum. They saw many things there, but it was difficult for John to understand the information about them. Then, a woman came to them and said, “Shall I tell you the history of this town?” “Oh, please. Thank you very much,” John said. She said, “My name is Kumiko. Come with me.” She was working there as a volunteer. She tried hard to speak in English, and John listened to her carefully. Takashi asked her, “Do you enjoy your job?” She answered, “Yes. I want to help people visiting this town, so I work here.” （後略）

久美子（Kumiko）さんが，下線部のようなことをするのはなぜですか。本文に即して日本語で書きなさい。

7 保育園で職場体験をする中学生の結衣（Yui）と，保育園に通う男の子ノブ（Nobu）についての次の英文を読んで，あとの問いに答えなさい。 〈栃木県〉

（前略） The next day, the children went to the vegetable garden and picked tomatoes. They were picking *round red tomatoes. They looked very excited. Then I found one thing. Nobu was picking tomatoes which didn’t look nice. I wanted to know why. Finally, I talked to him, “Why are you picking such tomatoes?” At first, he looked surprised to hear my voice, but he said in a cheerful voice, “Look! Green, *heart-shaped, big, small ....” He showed the tomatoes to me and said, “They are all different and each tomato is special to me.” I listened to him *attentively. He continued with a smile, “You are always listening to me. I like that. You are special to me.” I said, “Really? Thank you.” I felt glad when I heard that. We looked at the tomatoes and then smiled at each other. （後略）

（注）round 丸い　heart-shaped ハート型の　attentively 熱心に

下線部の指す内容は何か。日本語で書きなさい。

長文編

でる順 4 位

絵・図・表のある問題

1 英文を読んでグラフを完成させる問題

英文を読んでグラフや表などに必要な情報を見つけよう。

例題 次の英文を読んで，あとの問いに答えなさい。〈宮崎県〉

Do you see any foreigners who travel around Miyazaki? A lot of foreigners have visited Japan to enjoy many things.

Please look at the graph below. It shows what these foreigners wanted to enjoy before they visited Japan. More than 50 percent of the foreigners wanted to enjoy shopping and Japanese food. Japanese food was the most popular among them. Also, hot springs were not as popular as scenery.

Miyazaki is a good place for sightseeing. We want more foreigners to know about Miyazaki. What can you do about this?

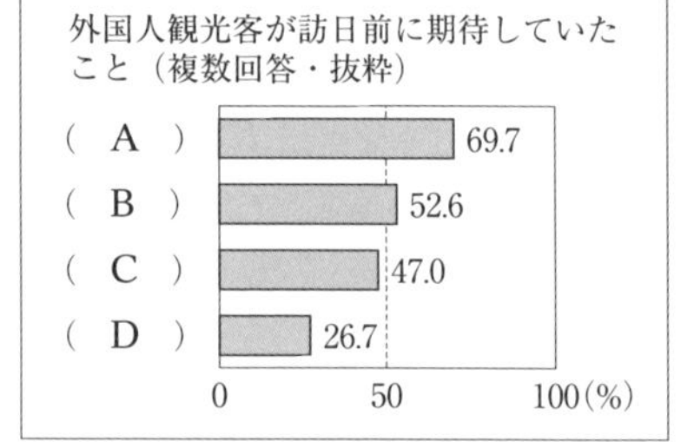

（観光庁資料より作成）

グラフの項目（ A ）～（ D ）に入る最も適切なものを，それぞれ次の**ア**～**エ**から１つずつ選び，記号で答えなさい。

ア 温泉　**イ** 日本食　**ウ** 風景　**エ** 買い物

答えと解説 A イ　B エ　C ウ　D ア

第２段落に注目。50％以上の人が買い物と日本食を楽しみにしていたとあるので，ＡとＢが**イ**か**エ**。直後の文に「日本食」が最も人気だったとあるので，Ａが**イ**，Ｂが**エ**となる。残る２つのうち，温泉は風景ほど人気ではないとあるので，Ｃが**ウ**，Ｄが**ア**。

2 グラフから情報を読み取る問題

棒グラフ，円グラフ，折れ線グラフがよく出題されている。グラフの数字が何を表すのか，単位なども必ずチェックすること。条件に合わせて数字を足したり，引いたりすることもある。

◎入試に出題されたグラフ

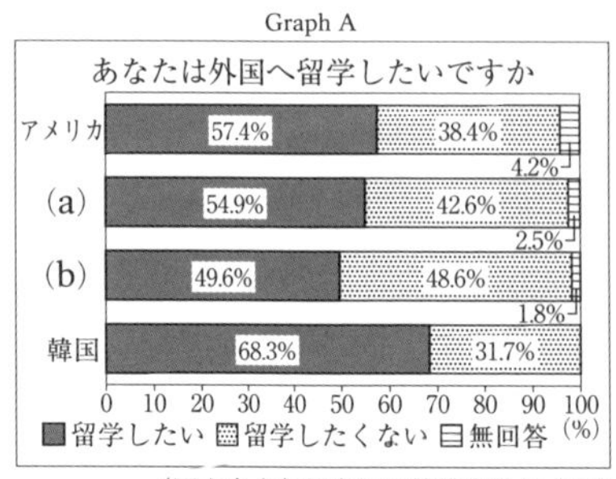

（国立青少年教育振興機構資料による）
〈愛媛県〉

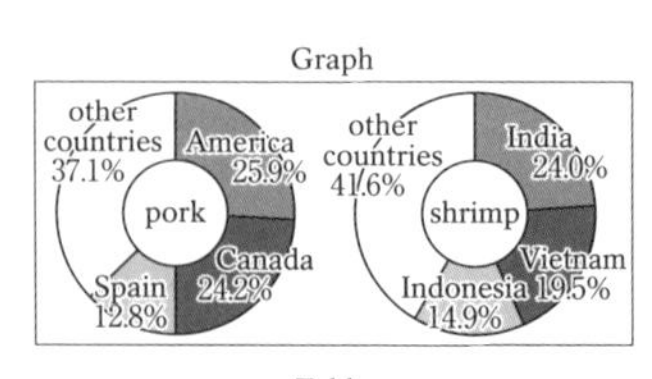

Table

Country	1963	2013
A	161%	264%
B	120%	130%
C	98%	127%
D	72%	39%

〈岐阜県〉

入試問題で実力チェック!

1 次の英文とグラフ(graph)をもとに，あとの問いに答えなさい。〈宮崎県〉

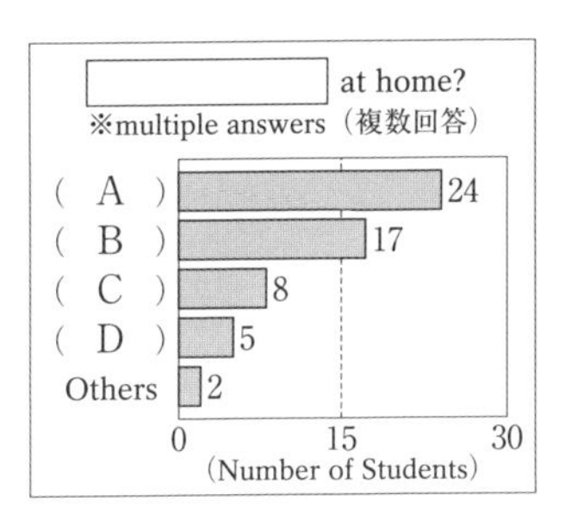

Our ALT asked us a question in English class. She asked, "[　　　　　] at home?" I'm going to talk about our answers.

Please look at the graph. A lot of students study English by reading English books or by writing something in English at home. The number of students reading English books is the largest. It's three times as large as the number of students listening to English CDs. I often speak in English with my family. But there are not many students doing that. Only two students do other ways.

Our ALT said, "Listening, reading, speaking, and writing are all important. Please study English in many ways."

正答率 35.3%
(1) 英文とグラフの[　　]に共通した内容が入るように，英文を完成させなさい。

________________________________ at home?

(2) グラフの項目(A)～(D)に入る最も適切なものを，それぞれ次の**ア**～**エ**から1つずつ選び，記号で答えなさい。

ア Listening to English CDs　　**イ** Reading English books
ウ Speaking in English　　**エ** Writing something in English

正答率 86.5% A[　　　　]　正答率 71.5% B[　　　　]

正答率 71.6% C[　　　　]　正答率 79.3% D[　　　　]

2 下のグラフは，先週，中学生のMarikoがピアノの練習をした時間を表しています。このグラフから読み取れることを正しく表している文として，**ア**～**エ**から最も適当なものを1つ選び，その記号を書きなさい。〈三重県〉

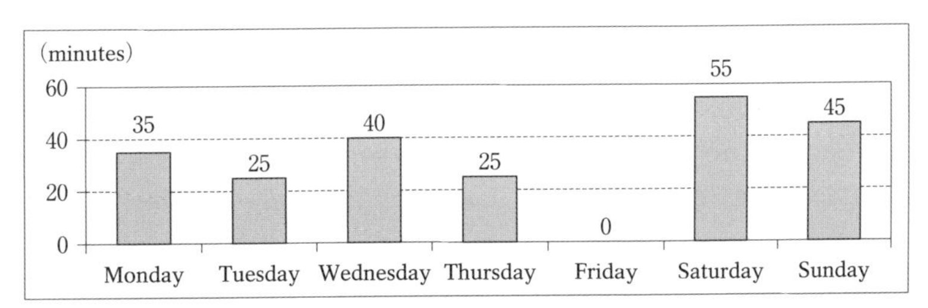

ア Last Sunday, Mariko practiced playing the piano the longest.
イ Mariko practiced playing the piano every day last week.
ウ Mariko played the piano longer on Monday than on Saturday.
エ Mariko played the piano on Tuesday as long as on Thursday.　[　　　　]

3 次の会話を読んで，(1)，(2)の質問の答えとして最も適切なものを，**ア**～**エ**から１つずつ選び，符号で書きなさい。 〈岐阜県〉

Tomoko : Look at the *class schedule for this week, Alex. We will have six classes tomorrow, and we will have *P.E. class. I'm excited!

Alex : Me, too. We will play soccer! Well, have you finished the science homework for tomorrow? It was so difficult that I could not understand it well.

Tomoko : Science homework? Look. We have no science class tomorrow.

Alex : Really? Oh, you're right. Then, I need to finish math homework first. Let's do it together.

【Class Schedule】

	Monday	Tuesday	Wednesday	Thursday	Friday
1		social studies	English	art	social studies
2		math	social studies	art	P.E.
3		*moral education	P.E.	English	Japanese
4	holiday	science	Japanese	math	science
		lunch time			
5		English	math	Japanese	music
6		Japanese	classroom activities		English

（注）class schedule　時間割　　P.E.　体育　　moral education　道徳

正答率88% (1)　How many social studies classes will they have this week?

ア　One　　**イ**　Two　　**ウ**　Three　　**エ**　Four

[　　　　]

正答率50% (2)　When are they talking?

ア　On Monday　　**イ**　On Tuesday　　**ウ**　On Wednesday　　**エ**　On Thursday

[　　　　]

4 次の，智也さんが立山に生息するライチョウ(ptarmigan)について書いた英文レポートの一部を読んで，あとの問いに答えなさい。 〈富山県〉

(前略)　Another reason is the people who visited the mountain. They brought plastic bags and bottles that had *bacteria to the mountain. Many ptarmigans got sick and died because of the bacteria, so people started working to protect the ptarmigans. They built *fences for the birds and cleaned the mountains, but it wasn't easy to *increase the number of birds. Please look at <u>the *chart</u> I made with numbers from the Internet. There were more ptarmigans on Tateyama in 1991 than in 1981. However, it became more difficult to find the birds in 2001. After that, the number of birds increased because people worked harder to protect them. (後略)

（注）bacteria　細菌　　fence　柵(さく)　　increase　増やす，増える　　chart　表

下線部<u>the chart</u>について，智也さんが示した表として最も適切なものを，次の**ア**～**エ**から１つ選んで記号で答えなさい。

ア

年	1981	1991	2001	2011
生息数	244	333	167	284

イ

年	1981	1991	2001	2011
生息数	284	167	244	333

ウ

年	1981	1991	2001	2011
生息数	333	244	284	167

エ

年	1981	1991	2001	2011
生息数	167	284	333	244

[　　　　]

5 恵美子(Emiko)さんは，家に遊びに来た韓国(Korea)のソウル(Seoul)出身の留学生ソヨン(So-yeon)さんと，こたつ(*kotatsu*)とオンドル(*ondol*)について話しています。次の対話文を読んで，あとの問いに答えなさい。 〈富山県〉

Emiko : Welcome to my house, So-yeon! Come in.

So-yeon : Thank you. It's really cold outside today.

Emiko : Sit here, and you'll get warm soon.

So-yeon : Oh, this table is warm *underneath. What's this?

Emiko : This table is a traditional *heating system in Japan. We call it *kotatsu*. In winter, I usually do my homework, watch TV, read books, and play games in *kotatsu*. How about Korea? Is it cold in Seoul now?

So-yeon : Yes, we have four seasons like Japan and in winter it's colder than in Toyama. We don't have *kotatsu*, but we use *ondol* in Korea.

Emiko : *Ondol*? I've never heard that word. What's that?

So-yeon : *Ondol* is a floor heating system. In the old days people used *smoke and the *heat from the *kitchen to make the floor warm.

Emiko : Does your house in Seoul have that?

So-yeon : No, but my grandmother's house does. When my grandmother cooks food with fire in the kitchen, the *air there gets warm because of the heat. *Ondol* takes that warm air from the kitchen to make the floor warm. There are many *stones under the floor to make a *tunnel for the smoke. The smoke and the heat go through the tunnel and then outside from the *chimney on the other side of the room.

Emiko : That's interesting.

So-yeon : These days *ondol* uses electricity or *gas to heat water. It goes under the floor. That's the one my house has. Oh, now I'm getting warm. I like *kotatsu*.

Emiko : Me too. And my family loves it too. We spend a lot of time around *kotatsu* in winter. We do many things together here. Spending time with family is nice.

So-yeon : That's good. I think so too.

(注) underneath 下に　heating system 暖房装置　smoke 煙　heat 熱，熱する　kitchen 台所
air 空気　stone 石　tunnel トンネル　chimney えんとつ　gas ガス

ソヨンさんが説明した，祖母の家にあるオンドルの仕組みを表している図を，次の**ア**～**エ**から1つ選んで記号で答えなさい。なお，矢印は空気の流れを表している。

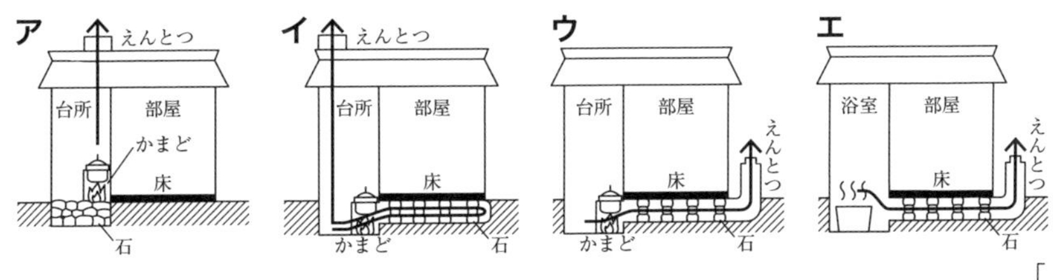

[　　　　　]

要約文を完成させる問題

(　)に語(句)を補い，要約文を完成させる問題

本文の中から重要な語句を抜き出し，要約文を完成させる。

空所の前後にある語(句)が本文のどこに書かれているかを探すと答えが見つかりやすい。

例題 次の文を読み，下の問いに答えなさい。

(前略) We now live in the computer society. There aren't any borders in the computer society. We can meet people in foreign countries and make friends with them easily. We can get information from all over the world quickly. We can do more things at home. We can work at home without going to the office. Sick people stay at home and can see a doctor without going to hospital. (中略) But there are some important things we have to remember when we live in this society. If we spend more time at the computer, we will have less time to talk face to face. When we look for things through computers, we may find too much information and it may be difficult to choose the right information. We have to have good judgment and use computers wisely.

(　)に適する語を下から選び，上の英文の要約文を完成させなさい。

We can communicate with people in many different countries easily. It doesn't (1) much time to get information from other countries. There are more things we can do at home. We don't have to go (2) when we work or when we are sick. But computers are not always good for our lives. We may have less time to talk face to face. We may be in trouble because of too much information. We have to be (3) when we use computers.

ア wise　　イ out　　ウ take

答えと解説 (1)ウ　(2)イ　(3)ア

(1)本文第４文「私たちは世界中から情報を素早く得ることができる」から，「ほかの国から情報を得るのに多くの時間がかからない」となるようにtakeを入れる。(2)本文第６～７文「私たちは会社に行くことなく，家で働くことができる。病気の人は家にいて，病院に行かずに医者に診てもらうことができる」から，「私たちは働くときや病気のときに，外出する必要がない」となるようにoutを入れる。(3)本文最終文「私たちはよい判断をし，賢明にコンピューターを使わなければならない」から，「私たちはコンピューターを使うときに賢明でなければならない」となるようにwiseを入れる。

ミス注意 そのまま抜き出す問題もあるが，表現を変えてある場合もあるので，注意すること。

入試問題で実力チェック！

1 美奈子（Minako）さんは，イングランド（England）出身の留学生フレディー（Freddie）さんと話をしています。次の対話文を読んで，あとの問いに答えなさい。〈富山県〉

Minako : There are many interesting *cafes in Japan.

Freddie : Really? What kinds of cafes are there?

Minako : There are many animal cafes like cat cafes, bird cafes, dog cafes, fish cafes....

Freddie : Oh, there are so many kinds of animal cafes in Japan. At *standard cafes, we usually eat and drink. What do you do at animal cafes?

Minako : At animal cafes, we can eat and drink, and also spend time with our favorite animals. People can touch, talk to, and play with them. Also, they can meet people who like the same animals there.

Freddie : I didn't know that.

Minako : People like different kinds of things, so it's good for everyone to have a place to talk about their favorite things with other people.

Freddie : I really like that idea. Do you know any other interesting cafes in Japan?

Minako : There are Internet cafes and *kominka* cafes.

Freddie : Internet cafes are in England too. But what is a *kominka* cafe?

Minako : "*Kominka*" means "old *private house." People lived in those houses a long time ago. Later those old houses *were made into cafes.

Freddie : Wow, they are cafes in traditional Japanese houses. What can you do there?

Minako : You can *experience Japanese *culture there. You can sit on *tatami*, drink Japanese tea, eat *matcha* ice cream, *zenzai*, and other Japanese *sweets. You can eat traditional Japanese food for lunch or dinner too. It's popular to use old Japanese houses for new things like this.

Freddie : Oh, I've seen old Japanese houses with big *triangular roofs in Gokayama. What are those old houses?

Minako : They are called "*gassho zukuri* houses." They are *World Heritage Sites. People who live there *repair and take care of them. They hope to keep the history of their families and houses.

Freddie : In my country, we also keep old houses. Many people live in houses that were built about 100 years ago.

Minako : I want to visit those old houses in England in the future.

Freddie : You can visit my family too!

Minako : Thank you.

Freddie : I've become interested in Japanese cafes. Talking about cafes makes me hungry.

Minako : Why don't we go to a *kominka* cafe? There's a good one near here. I want you to know more about cafes in Japan.

（注）cafe　カフェ，喫茶店　　standard　標準的な　　private　個人の
be made into ～　～に作りかえられる　　experience　体験する　　culture　文化　　sweets　甘い菓子
triangular roof　三角の屋根　　World Heritage Site　世界遺産　　repair　直す

フレディーさんは，美奈子さんと話をした日の夜，日記を書きました。以下はその一部です。対話の内容を踏まえて，（　A　），（　B　）に入る最も適切な１語を本文中からそれぞれ抜き出し，書きなさい。

My Japanese friend, Minako, told me about two kinds of Japanese cafes. At animal cafes, we can touch different kinds of animals and (　A　) with them. I went to a *kominka* cafe for the first time with Minako. We sat on *tatami*, drank Japanese tea, and ate Japanese sweets in a (　B　) Japanese house.

A[　　　　　　　]　B[　　　　　　　]

2 次の英文は，中学生の賢治(Kenji)が，最近印象に残ったできごとについて，英語の授業でスピーチをしたときのものです。これを読んで，あとの問いに答えなさい。〈岐阜県〉

Have you ever heard the sound of a *cello? It's soft and warm, and I like the sound. I have been playing the cello since I was eleven, and now I practice it almost every day. My *grandpa is a *cello maker, so cellos are always *close to me. He lives in a small house in the woods.

One sunny morning, I visited Grandpa. He was cutting an old *maple tree near his house to make a new cello, so I helped him cut it. While we were working, I asked, "How old is this tree, Grandpa?" He answered, "It's more than a hundred years old, Kenji." "Wow, it was here before you and I were born!" I said. He taught me that older trees make the sound of a cello deeper and softer. Then he said, "Well, we worked hard today. Let's go back to the house and I'll make you a cup of coffee!"

While we were drinking coffee together in his house, Grandpa told me many things about cellos. He asked, "Do you still use the cello I made?" The cello I use was given by Grandpa when I started to play. "Of course, I do. I like your cello. I want to be a *cellist in the future." Grandpa said, "I'm glad to hear that. And what do you want to do when you become a cellist?" I never thought about that, so I couldn't answer his question. I only said, "Well, I just want to be a famous cellist." He thought for a while and said, "Come with me, Kenji."

Grandpa took me to the next room. There were a lot of cellos on the wall, and the *smell of trees was everywhere in the room. I asked, "How many cellos have you made?" He said, "I have made hundreds of them. Your cello is the one I made when you were born, and it's my favorite." "Why did you decide to be a cello maker?" I asked. Then he answered, "Actually I once wanted to be a cellist like you, Kenji. But when I was your age, I hurt my arm and it was difficult to continue playing the cello. I wish I could play it well again." I was surprised because he never talked about it before. I could imagine how he felt when he lost his dream at the age of fifteen. I said, "Then, you decided to be a cello maker, right?" He said, "Yes. I wanted to do something related to cellos because I still liked them. Well, I was lucky because I found something I really like early in my life." He continued, "Look at all the cellos, Kenji. Every cello is made of old maple trees. Those trees were cut down a long time ago, but they can live forever as a cello." I said, "I never thought about it that way. But when I listen to the sound of a cello, I really feel relaxed even when I am nervous." He smiled and said, "It's like a voice from the woods that encourages you. I want to make a cello that can express the most beautiful voice of the maple trees, Kenji." Grandpa's face looked soft and warm when he said so. Again, I looked around the cellos he made. I *was impressed that he made a lot of cellos and still continued to hold his dream.

Now I play the cello in a different way. I just played it to be a famous cellist before, but now I try to play the cello to *deliver the voice of the trees to people. I want to express it someday with the cello Grandpa made.

（注）cello　チェロ　　grandpa　おじいさん　　cello maker　チェロ職人　　close　身近な
maple tree　カエデの木　　cellist　チェロ奏者　　smell　香り　　be impressed　感動する
deliver　届ける

次の英文は，賢治がおじいさんに書いた手紙の一部です。（　①　），（　②　）に入る最も適切な英語を，本文中から抜き出して１語ずつ書きなさい。ただし，（　　）内に示されている文字で書き始め，その文字も含めて答えること。

Thank you for spending time with me and talking a lot last week, Grandpa. I respect you because you still continue to have your dream even after you became a cello maker. I can't forget that you told me that the sound of a cello is like the (①v　　　　) of the trees. Now I want to express and deliver it to the people who listen to my cello. Please tell me when you finish making a new cello with the maple tree that we (②c　　　　) together! See you soon, Grandpa.

①[　　　　　　]

正答率 24%　②[　　　　　　]

でる順 **7** 位

文を並べかえる問題

(　)に入る文を正しい順番に並べる問題

(　)の前後に注意して，つながりのある文を探そう。選択肢の中に指示語があれば，その指示語が何を指しているか考えることで，文の並びが判断できる。

選択肢の中に指示語があるときは，「指示される語を含む文」→「指示語を含む文」という文の順番が決まる。

例題 英文中の(　)の中にあとのA～Cの三つの文を入れるとき，A～Cを並べる順番として最も適するものはどれか。〈神奈川県〉

Ms. Brown is our new English teacher. (　　) We enjoyed singing in English. Ms. Brown also *sang some English songs with us. I like her English class very much.

(注) sang ～　～を歌った

A. We sang some English songs there.

B. I knew one of the songs very well.

C. Yesterday we had her English class in the music room.

① A→B→C　② A→C→B　③ B→A→C

④ B→C→A　⑤ C→A→B　⑥ C→B→A

答えと解説 ⑤

選択肢の中にある指示語に注目する。「指示語」は，通常「指示される言葉」よりあとに出てくることを考えながら選択肢を読む。Bの文中にあるthe songs(その歌)は，Aの文中のsome English songsを指し，Aの文中にあるthereはCの文中のin the music roomを指すので，C→A→Bの順になる。

よくでる 例を示す語句

文の並べかえの問題で，選択肢にFor exampleで始まる文が含まれることがある。

for exampleは，「たとえば」と例を示す語句。前で述べたことを，具体的に例をあげて説明する場合に使われる。

We learned a lot of things about Hawaii from my brother. **For example**, he taught us how to cook Hawaiian food.

「私たちは兄からハワイについてたくさんのことを学んだ。**たとえば**，彼は私たちにハワイ料理の作り方を教えてくれた」

入試問題で実力チェック!

1 英文中の（　）の中に次のA～Cの三つの文を入れるとき，A～Cを並べる順番として最も適するものはどれか。
〈神奈川県〉

Why is eating breakfast every morning very important?（　　　　）They also say they can't get up *early. If you have friends who say such things, please say to them. "We should get up early and eat breakfast every day."

（注）early　早く

A．But some students don't eat it.
B．They say they don't have time for it.
C．Because we can study harder if we eat breakfast.

① A→B→C　② A→C→B　③ B→A→C
④ B→C→A　⑤ C→A→B　⑥ C→B→A

[　　　　　　]

2 英文中の（　）の中に次のA～Cの三つの文を入れるとき，A～Cを並べる順番として最も適するものはどれか。
〈神奈川県〉

Three months ago, I went to *Hawaii with my family. My family members were all interested in *Hawaiian *culture.（　　　　）We enjoyed eating it very much. I want to visit Hawaii again next year.

（注）Hawaii　ハワイ　Hawaiian　ハワイの　culture　文化

A．We learned a lot of things about Hawaii from him.
B．My brother lives in Hawaii, and we went to see him.
C．For example, we learned how to cook Hawaiian food from him and made some food together.

① A→B→C　② A→C→B　③ B→A→C
④ B→C→A　⑤ C→A→B　⑥ C→B→A

[　　　　　　]

3 次の英文中の(　)に，あとの①～④を入れると，意味の通る文章が完成する。このときの①～④の順序として適切なものを，下の**ア**～**エ**から1つ選び，その記号を書きなさい。〈高知県〉

A month ago, my friends and I gave *a surprise birthday party for our friend Jack. I had to take Jack to the party at 6:00 on Tuesday evening without telling him about the party. (　　　　) The party was wonderful.

① At first, Jack wanted to wait *in front of the house, but I told him to come in and meet my friends.
② So, a week before the party, I said to Jack, "How about going to a movie on Tuesday night?" He answered, "Yes."
③ When he walked into the house, he was surprised because his friends were waiting to give a birthday party for him.
④ On Tuesday evening, I went to Jack's house by bike. I told him that I had to stop at a friend's house to get some things on our way.

(注) a surprise birthday party　びっくり誕生日会　　in front of ～　～の前で

ア ①→③→②→④　　**イ** ①→④→②→③
ウ ②→③→①→④　　**エ** ②→④→①→③　　[　　　　]

ヒント それぞれの選択肢がいつのことかを考え，時間の経過順に並べてみよう。

4 次の英文は，留実(Rumi)が中学生のときに経験したことをもとに書かれたものの一部です。これを読んで，あとの問いに答えなさい。〈宮崎県〉

(前略) After getting home, Rumi took the book she borrowed out of her bag. (　　　　) It said, "When your flower doesn't open, try to grow your *roots *until your big flower opens." She didn't understand what the words meant then. (後略)

(注) root　根　　until　～するまで

文中の(　)に本文の内容に合う英文を入れるとき，最も適切な順番になるように，次の**ア**～**エ**を並べかえて，記号で答えなさい。

ア It looked difficult from the first few pages.
イ When she read half of the book, one part caught her eye.
ウ But she found that it was interesting as she kept reading it.
エ Then she opened it and started reading.

[　　　　]→[　　　　]→[　　　　]→[　　　　]

5 *Madoka*は，家庭科の授業で調べた「ほうれん草（spinach）に含まれるビタミンC（vitamin C）」について，英語の授業で発表した。次は，*Madoka*が発表の際に用いた【グラフ】（graph）と【原稿】の一部である。これらを読んで，あとの問いに答えなさい。 〈山口県〉

【グラフ】

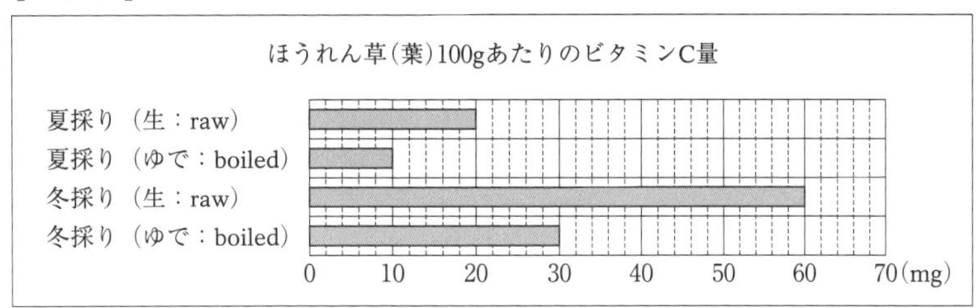

【原稿】

*Vegetables have vitamins, and they're good for our health. I'll tell you some interesting *information about *the amount of vitamin C in vegetables.

Let's *take spinach as an example. Look at this graph. I found two interesting things.

First, winter spinach has *more vitamin C than summer spinach. (　　　　) Like spinach, it increases in their best seasons, too.

Second, raw spinach has more vitamin C than boiled spinach. 100g of raw winter spinach has 60 mg of vitamin C. But when it's boiled, it loses *half of its vitamin C.

So if you want to *take in a lot of vitamin C from spinach, it's best to eat raw winter spinach. But it's difficult for us to eat raw spinach. *Compared with raw summer spinach, boiled winter spinach has more vitamin C. So eating boiled winter spinach is a better *choice for us.

Now, I know that eating vegetables in their best seasons is a good way to take in a lot of vitamins. When I cook, I want to use vegetables in their best seasons. This is my idea to *stay healthy. Of course, there are some other ideas. What do you usually do to stay healthy *other than eating something good for your health?

（注）vegetables 野菜　information 情報　the amount of ～ ～の量
take ～ as an example ～を例に挙げる　more ～ than ... …よりも多くの～　half 半分
take in ～ ～を摂取する　compared with ～ ～と比較すると　choice 選択
stay healthy 健康を保つ　other than ～ ～の他に

次の1～3は，本文中の（　）に入る英文である。1～3を文脈に合うように最も適切な順に並べかえ，記号で答えなさい。

1．What do you think about the amount of vitamin C in other vegetables?
2．Because of this, the amount of its vitamin C increases in its best season, winter.
3．Of course, we can eat spinach in every season now, but it's originally a winter vegetable.

[　　　　]→[　　　　]→[　　　　]

英作文編
でる順 1 位

テーマや質問に答える問題

1 テーマを選んで，自由に英語を書く問題

自分が書きやすいテーマを選ぶこと。どのような内容にするかは，まず日本語で考えてみよう。

語数や文の数に指定がある場合は，必ずその条件を満たさなければならない。また，英文に，文法的な間違いやスペルミスがないようにしよう。

例題 次の中からテーマを１つ選び，あなたが日ごろ思っていることを，３文の英語で書きなさい。

ア 本を読むこと。　**イ** 音楽を聞くこと。　**ウ** テレビを見ること。

答えと解説 アの例 **I like reading books. I'm trying to read a hundred books by March. I have read sixty-four books.**

イの例 **Listening to music makes me happy. I always listen to music. My mother often tells me to stop listening to music and study more.**

ウの例 **Watching TV is fun. I like watching movies on TV. But watching TV for too long is not good for our eyes.**

答えるときは，まず日本語で書きたい内容をメモしたり，文を考えたりするとよい。次に自分の知っている単語を使って英語にしていくとスムーズに答えられる。

2 自分の意見とその理由を説明する問題

最初に自分の意見を述べ，次に，どうしてそう思うのか，という理由を続けよう。

例題 外国から来た中学生が，２週間，あなたの家に滞在することになりました。あなたなら，彼〔彼女〕のためにどのようなことをしてあげたいと思いますか。あなたのしてあげたいことを１つ，理由を含めて具体的に３文以上の英語で書きなさい。〈栃木県〉

答えと解説 （例） **I want to take him to Nasu, because it is very famous. We will visit many places there. I'll take pictures with him. I hope he will be happy.**

最初にI want to ～.「自分は～したい」で書き出し，次にその理由をbecause…で表す。理由を述べる文では，それがなぜよいのかなど具体的な利点を述べるとよい。つづりや構文に注意して正確な英文を書くこと。

入試問題で実力チェック！

1 次の(1)，(2)の質問に答える文を書きなさい。ただし，(1)と(2)は，２つとも，それぞれ６語以上の１文で書くこと。(「,」「.」などの符号は語として数えない。)　〈愛媛県〉

(1) あなたが今までの学校生活で学んだことのうち，特に大切に思うことについて，下級生に伝える機会があるとすればどのようなことを伝えますか。

____

(2) また，なぜそのことが大切だと思うのですか。

____

2 日本への旅行を計画している海外の友人から次の[質問]を受けた場合，あなたならどのように答えるか。Summer または Winter のいずれかを選び，その理由を(　　　)に８語以上の英語で書きなさい。なお，英語は２文以上になってもかまわない。ただし，コンマ(,)やピリオド(.)などは語数に含めない。　〈長崎県〉

［質問］ I have long holidays in summer and in winter. Which season is better to visit Japan?

[Summer / Winter] is better, because (______________________________

____).

3 ALTのマイケル(Michael)先生が，英語の授業で次のような質問をしました。質問に対するあなたの考えを，あとの□の指示に従って書きなさい。〈富山県〉

【A】and【B】are two *wishes. If you could have one wish, which would you choose? And why would you choose it? Please write about it.

(注) wish 願い

マイケル先生

【A】 meet a famous person in history

【B】 travel to the future

指示

- ＿＿＿には，あなたが選んだ記号**A**，**B**のいずれかを書く。
- あなたの考えを理由とともに**25語以上**の英語で書く。ただし，I would chooseで始まる１文は語数には含めない。
- 英文の数は問わないが，前後つながりのある内容の文章にする。
- 短縮形(I'm / don'tなど)は１語として数える。
- 符号(, / . / ? / ! など)は下線部と下線部の間に書き，語数には含めない。

I would choose ＿＿＿. ＿＿＿ ＿＿＿ ＿＿＿ ＿＿＿

＿＿＿ ＿＿＿ ＿＿＿ ＿＿＿ ＿＿＿ ＿＿＿ 10

＿＿＿ ＿＿＿ ＿＿＿ ＿＿＿ ＿＿＿ ＿＿＿

＿＿＿ ＿＿＿ ＿＿＿ ＿＿＿ 20 ＿＿＿ ＿＿＿

＿＿＿ ＿＿＿ ＿＿＿ 25 ＿＿＿ ＿＿＿ ＿＿＿

＿＿＿ ＿＿＿ ＿＿＿ ＿＿＿ ＿＿＿ ＿＿＿

ヒント 仮定法を使って質問されていることに注目。

正答率 5.1%

4 次の**スピーチ**は，ナンシーさんがホストファーザーとの会話で印象に残った日本語について述べたものです。これを読み，**スピーチ**の下線部の問いかけに対するあなたの考えを，あとの**条件**に従って書きなさい。 〈鳥取県〉

スピーチ

Today, I want to talk about my favorite Japanese word. It is “mottainai.” I learned this word when I was cooking with my *host father. We don’t have an English word like that, but I think this word is important. For example, a lot of food is *thrown away at *convenience stores, supermarkets and restaurants every day. And we often buy too much food. *Wasting food is really “mottainai” and it is a big problem around the world now. But there are other “mottainai” problems in our daily life. <u>When do you feel “mottainai” and what can you do about the problem?</u>

（注）host father　ホストファーザー（ホームステイ先のお父さん）
thrown away　throw away「～を捨てる」の過去分詞　　convenience store(s)　コンビニエンスストア
wasting　無駄にすること

条件

・**20語程度の英語**で書くこと。
・**主語・動詞を含む文**で書くこと。
・会話や**スピーチ**で述べられている例以外の内容とすること。
・I’mのような短縮形は1語として数え，符号(,や.など)は語数に含めないこととする。

_____ _____ _____ _____ _____ _____

_____ _____ _____ _____ _____ _____
10

_____ _____ _____ _____ _____ _____

_____ _____ _____ _____ _____ _____
20

対話文補充型問題

対話の流れに合うように，空所に英文を入れる問題

質問に対する答えを考えたり，答えから質問文を考えたりする問題。それ以外の文の場合も，対話の流れから入れる内容を考えよう。

疑問文を書かせる問題が多いので，疑問文の意味と形をしっかり覚えておこう。

例題 次の会話文を読んで，２人の会話が成り立つように，(　　)内の語をこの順に用いて，下線部に入る英文を答えなさい。ただし，文頭にくる語は大文字で始めなさい。〈愛知県〉

Emi : Hello, this is Emi. Can I talk to Kate?

Kate : This is Kate.

Emi : Oh, Kate. ＿＿＿＿＿＿＿＿＿? (you, doing, night)

I called you *again and again after 9 o'clock.

Kate : Sorry, Emi. I was very tired yesterday, so I went to bed early. （後略）

（注）again and again　何度も

答えと解説 **What were you doing last night**

最初の２人のやり取りから，電話での会話だとわかる。下線部のあとで，エミが「９時過ぎに何度もあなたに電話したのよ」と言っているのに対し，ケイトが「ごめん，エミ」と謝り，「昨日はとても疲れて，早く寝たのよ」と答えているので，下線部には「昨夜は何をしていたの？」という意味の英文を入れるのが適切。

よくでる 英作文で出題される疑問文

対話文の答えから疑問文を書かせる問題は，以下のようなものがよく出題される。

① *A* : (　　　　　)　→What time will the party begin?「パーティーは何時に始まりますか」

B : Around seven.「７時頃です」

② *A* : (　　　　　)　→ Shall I help you?「手伝いましょうか」

B : No, thank you. I can do it by myself.「いいえ，結構です。私ひとりでできます」

③ *A* : (　　　　　)　→Which one do you like?「あなたはどれが好きですか」

B : I like the blue one.「私は青いものが好きです」

入試問題で実力チェック！

1 ［　　］の状況での会話が成立するように英文を書きなさい。ただし，（　）内の語を含めて6語以上使用して，1文で書くこと。〈佐賀県〉

［at a classroom］

A : Good morning, Mr. Brown.
B : Good morning, Akira. (　　　school　　　)?
A : Because I got up late this morning.

____

よくでる **2** 次の英文は，買い物に来た宏志（Hiroshi）と店員（The sales clerk）とのお店での対話です。これを読んで，下の(1)，(2)に答えなさい。〈岩手県〉

The sales clerk : Hello.
Hiroshi : Hi.
The sales clerk : ［　　①　　］?
Hiroshi : Yes, please. I'm looking for a T-shirt.
The sales clerk : What color are you looking for?
Hiroshi : I want something dark.
The sales clerk : How about this one in green?
Hiroshi : Oh, this one is cool. And it's my size, too. How much is it?
The sales clerk : It's 3,000 yen.
Hiroshi : ［　　　　②　　　　］
The sales clerk : OK. How about this black one in the same size? It's only 1,000 yen.
Hiroshi : That's great. I'll take it.

(1) 対話の流れに合うように，文中の［①］に入る適当な英語を，4語以上で書きなさい。

____

(2) 対話の流れに合うように，文中の［②］に入る適当な英語を，10語以上で書きなさい。ただし，文の数はいくつでもかまいません。

____

____

3 次の英文は，正太(Shota)とマーク(Mark)との会話である。会話の流れが自然になるように，次の (1) ， (2) の中に，それぞれ7語以上の英語を補いなさい。〈静岡県〉

Shota : Hi, Mark. Let's go to the sea next week.
Mark : OK. Let's go there by bike because (1)
Shota : I understand, but using a train is better. If we use a train, (2)
Mark : I see.

(1) ______________________________

(2) ______________________________

4 次は，中学3年生の春希(Haruki)とALT(外国人指導助手)のスミス先生(Ms. Smith)との会話である。読んであとの問いに答えなさい。なお，あとの(注)を参考にしなさい。〈長崎県〉

Haruki : Our school *brass band club will have a concert next Sunday. Did you know that?
Ms. Smith : No, I didn't. That sounds interesting. (1) start?
Haruki : At 2 p.m. I'll give you this **Leaflet*.
Ms. Smith : Thank you. I think I can go.
Haruki : Great! Our members will be happy to hear that.
Ms. Smith : In this *Leaflet*, what does this last *sentence mean?
Haruki : Oh, yes. After the concert, the *guest will (2) .
Ms. Smith : Thank you. I want to try it.
Haruki : I hope you'll enjoy the concert. (後略)

〈*Leaflet*〉

(注) brass band club　吹奏楽部　leaflet　(広告の)ちらし　sentence　文　guest　ゲスト

会話の流れに合うように(1)，(2)に入る英語を書け。

(1) ______________________________

(2) ______________________________

5 留学中のキャシー(Kathy)と拓哉(Takuya)が，下に示した掲示を見ながら会話をしています。二人の会話が成り立つように，下線部①から③までのそれぞれの(　　)内に3語以上の英語を入れ，英文を完成させなさい。ただし，下線部①と③については，【　　】内の語をこの順序で使いなさい。〈愛知県〉

インターンシップ(職場体験)参加者募集

1．期間

7月25日から8月5日までのうちの3日間(事業所により異なる)

2．実施事業所

・こまち幼稚園　・ひかり銀行　・みずほ食堂　・つばさ自動車工場

・はやて農園　・あさま水産　・やまびこ病院

3．申し込み方法

希望者は担任の先生から申込用紙を受け取り，その申込用紙に記入して，事業所に送ってください。

Kathy : Hi, Takuya. What are you looking at?

Takuya : I'm looking at a *notice about an "*internship."

Kathy : An internship? What's that?

Takuya : Well, through an internship, students can experience many jobs. ①They can get some ideas about the (　　　　) do 【jobs, going】

Kathy : That sounds nice. Will the internship be held during the summer vacation?

Takuya : Yes. It will be held from July 25 to August 5.

Kathy : Will you do the internship?

Takuya : Of course. I'll tell my *homeroom teacher about it and get an *application form. ②Then I'll *fill out the application form and (　　　　) the *business place.

Kathy : That's great. I hope you will have a good experience.

Takuya : I'm sure I will.

Kathy : ③Where do (　　　　) the internship? 【want, do】

Takuya : At a hospital. My dream is to be a doctor. How about you?

Kathy : I'd like to work at a kindergarten. I often take care of a little girl in my host family. She is four years old and very cute!

Takuya : Wow! Wonderful.

(注) notice　掲示　internship　インターンシップ(職場体験)　homeroom teacher　担任の先生
application form　申込用紙　fill out ～　～に記入する　business place　事業所

① ______________________________

② ______________________________

③ ______________________________

絵・図・表のある問題

1 絵を見て，下線部に入る語句を考える問題

絵と，与えられている英文から，どういう会話がなされているかを想像しながら，適切な語句を考えよう。

例題 下の絵は，一郎(Ichiro)が勉強をしている場面です。絵を参考に下線部に適切な英語を入れなさい。〈栃木県〉

Ichiro : Hi. I'm tired but I will study more.

Mother : Good. ________________?

Ichiro : Thank you. I've wanted something to drink.

答えと解説 **Would you like some tea(?)** 別解 **How about some tea(?)**

絵から，母が一郎に紅茶を勧めているとわかる。

2 図や表などから必要な情報を取り出す問題

図や表から，必要な情報を取り出し，英語で正しく表現しよう。

表やグラフの問題の場合，特徴などを読み取り，比較ができるようにしておこう。

例題 ケイトさんは，下の表のコンピューターPC1かPC2のいずれかを購入しようと思っています。この表の内容に合うように，□に適切な英語を入れて，会話文を完成させなさい。〈兵庫県・改〉

	PC1	PC2
値段	140,000円	140,000円
モデル	冬モデル (2022年12月)	春モデル (2023年３月)

Kate : Which computer is better for me, PC1 or PC2? I think PC2 may be better because it □.

Taro : But you said, "I want to use a computer in many places." （後略）

答えと解説 **is newer**

表から，PC1よりPC2の方が新しいことがわかる。「より新しい」はnewの比較級newerと表現する。

入試問題で実力チェック！

1 留学生のクロエ(Chloe)と修(Osamu)が話をしています。対話は①～⑤の順で行われています。④のイラストは修が話している内容です。自然な対話となるように，(1)，(2)の問いに答えなさい。〈福島県〉

Chloe：① Your English is very good, Osamu!

Osamu：② Thank you, Chloe. I've [A] it for ten years.

Chloe：③ Wow! That's a long time! Why are you studying English?

Osamu：④ [B] in the future.

Chloe：⑤ Great! I hope you can do so. They'll be happy to learn many things about Japan from you.

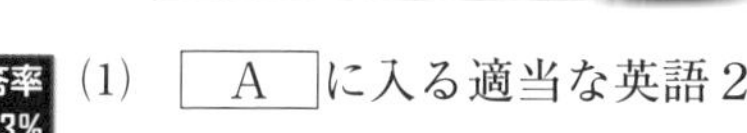

正答率 28.3%　(1) [A]に入る適当な英語2語を書きなさい。

正答率 6.1%　(2) [B]に入る適当な英語を書き，イラストと対話の流れに合うように文を完成させなさい。

2 次のピクトグラム(pictogram 案内用図記号)を見て，あとの問いに答えなさい。〈愛知県〉

説明文
Look at this pictogram.
You can see it anywhere in the library.
So you [(1)].
You should go outside, when you [(2)].
OK?

(問い) 校外学習で図書館へ行くため，あなたがクラスの外国人留学生にこのピクトグラムについて説明をすることになりました。**説明文**の[(1)]には，このピクトグラムが示す禁止事項を，[(2)]には，外国人留学生が屋外に出るべき具体的な場面を，それぞれ5語以上の英語で書き，英文を完成させなさい。ただし，[(1)]にはeat ～(～を食べる)，[(2)]にはthirsty(のどのかわいた)を必ず使うこと。また，次の語を参考にしてもよい。〈語〉飲む，飲み物　drink　～(の中)で　in ～　～を感じる　feel ～

(1) ＿＿＿＿＿＿＿＿

(2) ＿＿＿＿＿＿＿＿

3 あなたは留学生のMaryと，英語の授業で「身の回りにある便利なもの」について発表するため，ショッピングセンター（shopping center）に調べに来ています。後の条件にしたがって，後の会話中の［　　　］に入る英語を書きなさい。 〈大分県〉

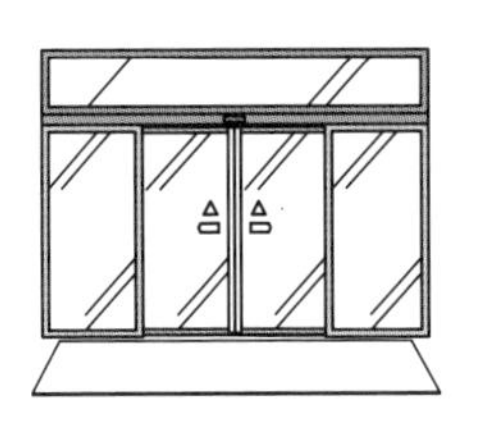
the automatic door
自動ドア

the elevator
エレベーター

the shopping cart
ショッピングカート

条件

① the automatic door / the elevator / the shopping cartのうち，１つを選ぶこと。
② 書かれている文に続けて，あなたが①で選んだものについて，便利な点を説明する文を主語と動詞を含む10語以上の英語で書くこと。
③ 英文の数はいくつでもよい。
④ 短縮形（I'mなど）は１語として数えることとし，ピリオド，コンマなどの符号は語数に含めないこと。

Mary : I think a lot of things are convenient in this shopping center.
You : Yes. Look at that. ［　　　］
Mary : I think so too. Let's find more.

I think (the automatic door / the elevator / the shopping cart) is convenient.

____

____

____

ヒント 自分が選んだ答えについて，どのように便利なのか具体的な内容を考えよう。

4 あなたは,「冬休みの思い出」について英語の授業でスピーチをすることになり，次の【メモ】を作成した。この【メモ】をもとに【スピーチ原稿】を完成させなさい。【スピーチ原稿】の（　1　),（　2　）には,【メモ】に書かれている内容を踏まえて，それぞれ6語以上の英語を1文で書きなさい。また,（　3　）には，文の内容に合うように，あなた自身の考えを8語以上の英語で書きなさい。ただし,（　3　）については,（　3　）を含む下線部全体が1文になるようにすること。〈佐賀県〉

【メモ】

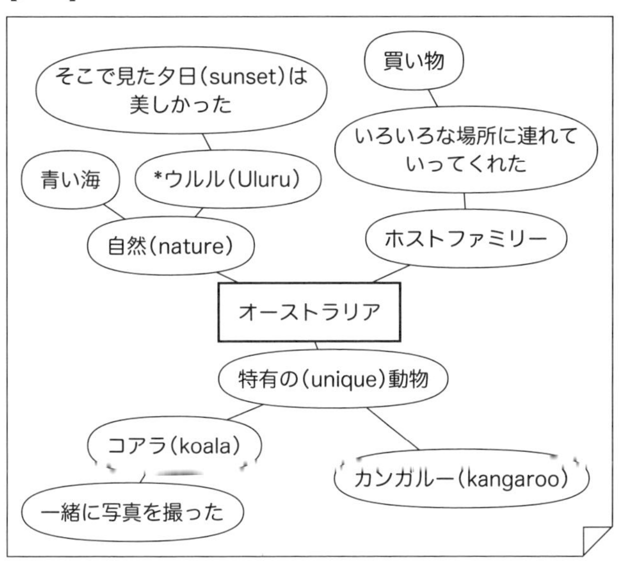

（注）ウルル　（世界最大級の岩，エアーズロック）

【スピーチ原稿】

I will talk about my homestay in Australia during the winter vacation.
First, my host family members were all very kind to me. (　1　). For example, we went shopping together and I bought some presents for my family in Japan.
Second, I enjoyed great nature in Australia. I went to Uluru. (　2　). I couldn't say a word.
I had a lot of great experiences in Australia. I want to go to other foreign countries. So, to improve my English, (　3　). Thank you for listening.

(1) ______________________________

(2) ______________________________

(3) ______________________________

和文英訳問題

日本語を英語になおす問題

日本語から，主語が何か，どんな動詞を用いるかを考え，適切な英文を作ろう。

与えられる日本語は，主語や目的語が省略されていることもあるので，英文を作ったら，主語・動詞・目的語が欠けていないか確認する習慣をつけよう。

例題 次のトム(Tom)と陽子(Yoko)の会話において，(　　)内に示されていることを伝える場合，どのように言えばよいか。(1)，(2)の□の中に，適切な英語を補いなさい。〈静岡県〉

Tom : Hi, Yoko. [(1)]
(聞きたいことがあるんだけど。)

Yoko : Yes. What is it?

Tom : I often hear the name Sakamoto Ryoma. I want to know about him.
What should I do?
[(2)]
(教科書にはあまり載っていないんだ。)

Yoko : Then, why don't you use the Internet?

答えと解説 (1) **I have something to ask you.**
別解 **I want to ask you something.**
(2) **I can't find much about him in the textbook.**
別解 **The textbook doesn't say much about him. ／**
The textbook doesn't give much information about him.

(1)文の主語，動詞を考える。「私はあなたに聞きたいことがある」と考えれば，I have ～.で表せるとわかる。「あなたに聞きたいこと」はsomething to ask youで表す。

(2)「あまり載っていない」は，「彼について多くのことが載っていない」ということ。「私は，教科書の中に彼について多くのことを見つけることができない」と考えれば，I can't find ～ in the textbook.と表せる。「教科書は，彼について多くのことを書いていない」と考えれば，The textbook doesn't say ～.と表せる。

ミス注意 正しい主語や目的語を使う

会話の中の日本語は，話し言葉で書かれていることが多い。「聞きたいことがある」とだけあっても，正確な文にするためには，「だれがだれに聞きたいのか」を考えなければならない。

入試問題で実力チェック！

1 次の英文は，書道部のNaoto，KimmyとAyakoの，もうすぐ帰国する予定のALTのスミス先生（Mr. Smith）についての会話です。下線部が「彼にほかの何かを作るべきでしょうか。」という意味になるように，（　　）に適切な4語の英語を書きなさい。〈埼玉県〉

（前略）

Kimmy : Let's write messages for him on *shikishi*. I think he'll be glad to read our messages.

Ayako : That sounds good. It's a popular present and easy to make. Should we (　　　　) him?

Naoto : We should give him *shikishi* and one more thing, but I cannot think of any good ideas right now.

（後略）

Should we ＿＿＿＿＿＿＿＿＿＿＿＿＿＿＿＿＿＿＿＿ him?

2 次の英文は，ボランティアに来た中学生のJosephと子育て支援センターのスタッフのMs. Aidaの会話です。下線部が「これらの英語の絵本を読んではどうですか。」という意味になるように，（　　）に適切な4語以上の英語を書きなさい。〈埼玉県〉

（前略）

Ms. Aida : There are a lot of children here, and you can get a lot of good experience. Some of the children here are very small, so you have to be careful.

Joseph : I see. I'll be careful.

Ms. Aida : Great! Well, there are some popular Japanese stories written in English here. But we have never read them to the children. (　　　　) these picture books in English?

Joseph : Oh, I see. I hope they'll like listening to the stories in English.

（後略）

＿＿＿＿＿＿＿＿＿＿＿＿＿＿＿＿＿＿＿＿ these picture books in English?

思考力 **3** 次はルーシー（Lucy）と直人（Naoto）の会話です。[ ]において，（　　）内に示されていることを伝える場合，どのように言えばよいか。[ ]の中に，適切な英語を補いなさい。

〈静岡県〉

Lucy : I used the Internet and bought the thing that I wanted! The Internet is very useful.

Naoto : I think so, too. [　　　　　]
（今の私たちに欠かせないね。）

____

4 中学生の武史（Takeshi）と友紀（Yuki）がジョーンズ先生（Mr. Jones）と話をしている。対話文中の(1)，(2)の日本語の内容を英語に直せ。

〈愛媛県〉

Mr. Jones : Hi, Yuki. Hi, Takeshi. How are you?

Takeshi : I'm fine, thank you. And you?

Mr. Jones : I'm fine, too. (1)あなたたちは，何について話しているのですか。

Yuki : About studying *abroad. I'm going to study abroad next year.

（中略）

Yuki : I also want to make new friends in America. Takeshi, do you want to study abroad?

Takeshi : Yes. I want to go to Australia in the future.

Yuki : Why?

Takeshi : Because I can learn a lot about tennis there. Many young people go there to learn it. My dream is to be a world tennis *champion. Also, I have another *reason. (2)私が会いたい選手が，そこに住んでいます。I hope I can become like him. I want to improve my English *skills there, too.

Mr. Jones : You have a big dream! I think studying abroad gives you the *chance to learn many things.

Takeshi : I think so, too. Thank you very much, Mr. Jones.

（注）abroad　外国で　champion　チャンピオン　reason　理由　skill(s)　技能　chance　機会

(1) ______________________________

(2) ______________________________

対話文問題

1 対話のあとに続くセリフを選ぶ問題

２人の人物の対話が，A—B—Aの順で放送される。AのあとにBがどう言うかを選択肢の中から選ぼう。

対話の最後の発言を聞き逃さないようにしよう。話の流れをつかんで，自然な返答となる発言を選ぼう。

01

例題 これから英語で短い会話を放送します。それぞれの会話の，最後の応答の部分にあたるところで，チャイムを鳴らします。チャイムのところに入る表現として最も適当な表現を**ア**～**エ**の中から１つ選んで，その記号を書きなさい。 〈京都府〉

ア That's a wonderful idea.　　**イ** You're welcome.

ウ I really enjoyed it.　　**エ** I think you are right.

放送文

A : Have you ever seen this movie before?

B : No. So I want to see it

A : How about going to see it together next Sunday?

日本語訳

A：この映画を前に見たことがある？

B：いいえ。だから私はそれを見たいんです。

A：次の日曜日に一緒にそれを見に行くのはどうですか？

答えと解説 ア

最後の発言「見に行くのはどうですか」に合う応答は，**ア**の「それはすばらしい考えですね」。**イ**はお礼を言われたときの応答。

2 対話文に関する質問に答える問題

対話文に関する質問に答える問題では，次のようなパターンが出題される。

①対話文と質問文が放送され，その答えを選択肢から選ぶ問題。

②対話文と質問文が放送され，その答えを英語で書く問題。

③対話文だけが放送され，質問文が書いてあり，それに答える問題。

よくでる 質問文でよく使われる疑問詞

基本のwhat，when，where以外に，次のような疑問詞で質問されることがある。

・How ～?　**例** How will the weather be tomorrow?「明日の天気はどうなりますか。」

・How long ～?　**例** How long does it take from Judy's house to the station?
「ジュディの家から駅までどのくらいかかりますか。」

・Who ～?　**例** Who played tennis with Mari?「マリと一緒にテニスをしたのはだれですか。」

・Why ～?　**例** Why was John surprised?「なぜジョンは驚いたのですか。」

入試問題で実力チェック！

🔊02 **1** (1), (2)の会話を聞き，それぞれの英語の質問に対する答えとして，最も適切なものを**ア**～**エ**の中から１つ選んで，その記号を書きなさい。 〈鳥取県〉

(1) 〈留学中の女子生徒(Maya)と現地の男子生徒(Alex)との会話〉

【質問】 What are they talking about?

ア Their school events.
イ Their plans for this weekend.
ウ Their favorite baseball teams.
エ The movies they like.

[　　　　]

(2) 〈文化祭でダンスを披露する女子生徒(Emi)とブラウン先生(Mr. Brown)との会話〉

【質問】 When will Emi's dance finish?

ア About 11:00.
イ About 11:10.
ウ About 11:15.
エ About 11:25.

[　　　　]

🔊03 **2** これは，二人の対話を聞いて答える問題です。これから，女性と男性が英語で対話をします。それぞれの対話は，女性，男性，女性，男性の順で行われます。最後に男性が話す英語の代わりにチャイムが鳴ります。このチャイムの部分に入る英語として最も適当なものを**ア**～**エ**の中から１つ選んで，その記号を書きなさい。対話は２回読みます。 〈岩手県〉

(1) **ア** At home.
イ On weekends.
ウ Thank you.
エ You're welcome.

[　　　　]

(2) **ア** A convenience store.
イ An old car.
ウ It was good.
エ It was new.

[　　　　]

(3) **ア** She is bigger than I now.
イ She is only two months old.
ウ She was playing tennis with me.
エ She was taking a picture then.

[　　　　]

🔊 04

3 英語による対話を聞いて，それぞれの質問に対する答えとして，最も適当なものを**ア**～**エ**の中から１つ選んで，その記号を書きなさい。対話と質問は２回読みます。〈三重県〉

(1) **ア** In the blue bag. **イ** In the green bag.
ウ On the table. **エ** Under the table.
[ ]

(2) **ア** A cup and coffee. **イ** A cup and a magazine.
ウ A book and coffee. **エ** A book and a magazine.
[ ]

(3) **ア** Rainy. **イ** Snowy.
ウ Cloudy. **エ** Sunny.
[ ]

🔊 05

4 それぞれの会話のチャイムのところに入る表現として最も適当なものを**ア**～**エ**の中から１つ選んで，その記号を書きなさい。会話は２回読みます。〈京都府〉

(1) **ア** I bought them at a shop near my house.
イ I'll buy them tomorrow if I like them.
ウ I'm not sure, but I bought them about a week ago.
エ I'm happy to buy them on your website.
[ ]

(2) **ア** Thank you. I hope I can get it back soon.
イ Thank you. Where did you find it?
ウ Thank you. Then I'll go home now to get yours.
エ Thank you. You can use mine to go to the station.
[ ]

06

5 HanakoとTaroの対話を聞いて，それに続く(1)~(3)の質問の答えとして最も適当なものを**ア**~**エ**の中から１つ選んで，その記号を書きなさい。対話と質問は２回読みます。〈大分県〉

正答率 86.1%
(1) **ア** He wants to watch the new school website.
イ He wants to make a movie to show the school festival.
ウ He wants to practice for the chorus contest.
エ He wants to join the club activity every day. [ ]

正答率 48.2%
(2) **ア** She wants to practice the dance with her classmates.
イ She wants to ask many people to join the school festival.
ウ She wants to record how the students spend their time at school.
エ She wants to make new plans for the school festival. [ ]

正答率 68.1%
(3) **ア** They will meet their classmates in the classroom.
イ They will study in their classroom before club activities.
ウ They will go home together after school.
エ They will explain their ideas to their teachers. [ ]

07

6 これから読まれる英文は，ジュディ(Judy)と友人の大和(Yamato)の会話である。あとに読まれる(1)~(3)の質問の答えとして最も適当なものを**ア**~**ウ**の中から１つ選んで，その記号を書きなさい。会話と質問は２回読みます。〈長崎県〉

(1) **ア** Yamato did.
イ Yamato's friend did.
ウ Yamato's mother did. [ ]

(2) **ア** Because it had many books about food.
イ Because it had a nice restaurant.
ウ Because it had an event on that day. [ ]

(3) **ア** For twelve days.
イ For two weeks.
ウ For three weeks. [ ]

質問に答える問題

08～15

英文に関する質問に答える問題

比較的長い文章とそれに関する質問が放送される。質問に対する答えを選択肢の中から選ぼう。

よくでる 質問文はWhat ～?，Why ～?，When ～?などが多い。２度目の放送は，質問で問われている部分を特に集中して聞こう。自分で答えを書く場合もあるので，疑問文への答え方をしっかりマスターしておこう。

08

例題 これから鹿児島のある中学校に留学しているLisaのスピーチを放送します。スピーチのあとに，その内容について英語で質問をします。その質問に対する答えとして最も適当なものを，下の**ア**～**エ**の中から１つ選び，その記号を書きなさい。〈鹿児島県〉

ア To go back to Australia.　**イ** To do something for peace.

ウ To make many friends.　**エ** To visit Nagasaki with them.

放送文

I went to Nagasaki on a school trip last year. I visited a lot of places and enjoyed shopping with my friends. I had a very good time there. The most important thing for me was to learn about the war. In Nagasaki many people died during the war. I felt sad to know that. What can I do for peace? I thought about it after I came back. The first thing I could do was to tell my family and friends in Australia about Nagasaki. So I sent them e-mails. This is a small thing but the first step to peace, I hope.

Question: Why did Lisa send e-mails to her family and friends?

日本語訳

私は昨年，修学旅行で長崎に行きました。私は友人たちとたくさんの場所を訪れ，買い物を楽しみました。そこで，とても楽しい時を過ごしました。私にとって一番重要なことは戦争について学ぶことでした。戦争中，長崎では多くの人が亡くなりました。私はそれを知って悲しい気持ちになりました。私は平和のために何ができるでしょうか。戻ってきてから私はそれについて考えました。最初に私ができることは，オーストラリアの家族や友人に長崎について伝えることでした。それで私は彼らにＥメールを送りました。これは小さなことですが，平和への第一歩であるといいなと思います。

質問：リサはなぜＥメールを家族や友人に送ったのですか。

答えと解説 イ

戦争中，長崎で多くの人が亡くなったことを知ったリサがWhat can I do for peace?「私は平和のために何ができるだろうか」と思い，Ｅメールを送ったのだから，**イ**「平和のために何かをするため」が正解。

入試問題で実力チェック！

解答解説 別冊 P.28

09 **1** それぞれの状況を聞き，質問に対する答えとして最も適当なものを**ア**～**エ**の中から１つ選んで，その記号を書きなさい。英文と質問は２回読みます。 〈埼玉県〉

正答率 57.1%
(1) **ア** Thank you for your help. **イ** How about tomorrow afternoon?
ウ Can you do it by yourself? **エ** Sorry, I'm busy all day.
[ ]

正答率 39.6%
(2) **ア** I've lost my key. **イ** I'll look for it tomorrow.
ウ Mine is a little small. **エ** Let's take it to the police station.
[ ]

10 **2** 英語による説明を聞いて，その内容についての２つの質問Question 1，Question 2に答えなさい。英文と選択肢が放送されます。英文のあとに放送される選択肢 a ～ d から質問に対する答えとして最も適当なものを１つ選んで，そのアルファベットを書きなさい。英文と選択肢は２回読みます。 〈兵庫県〉

（場面） 先生が高校１年生の生徒に話をしている
Question 1 What is the teacher talking about? [ ]
Question 2 Why is the teacher speaking to the students? [ ]

11 よくでる **3** 留守番電話のメッセージを聞いて，その内容についての質問に答える問題です。(1)～(3)の質問に対する答えとして最も適当なものを**ア**～**エ**の中から１つ選んで，その記号を書きなさい。英文と質問は２回読みます。 〈宮崎県〉

正答率 66.5%
(1) **ア** Because he was sick. **イ** Because he was fine.
ウ Because he had a chorus contest. **エ** Because he had homework.
[ ]

正答率 31.3%
(2) **ア** 12:55 **イ** 1:15 **ウ** 1:20 **エ** 1:35 [ ]

正答率 76.6%
(3)

ア	イ	ウ	エ
・将来の夢について ・月曜日に使う ・20語以上	・将来の夢について ・月曜日に使う ・30語以上	・将来の夢について ・水曜日に使う ・20語以上	・将来の夢について ・水曜日に使う ・30語以上

[ ]

🔊12

4 あなたは今，電車でMejiron Stationへ向かっています。車内放送を聞いて，それに続く(1)～(3)の質問の答えとして最も適当なものを**ア**～**エ**の中から１つ選んで，その記号を書きなさい。英文と質問は２回読みます。〈大分県〉

(1) **ア** For two minutes. **イ** For three minutes.
ウ For four minutes. **エ** For five minutes.

[　　　　　]

(2) **ア** One station. **イ** Two stations.
ウ Three stations. **エ** Four stations.

[　　　　　]

(3) **ア** Fifteen minutes. **イ** Twenty five minutes.
ウ Thirty minutes. **エ** Thirty five minutes.

[　　　　　]

🔊13

正答率 13.4%

5 放送される英語を聞いて，あなたの考えを英語で書く問題です。英文はいくつでもかまいませんが，それぞれ主語と動詞を含んだ英文で書きなさい。英文は３回読みます。〈宮崎県〉

🔊14

6 あなたはオーストラリアの語学学校に短期留学していて，先生から明日の日程について説明を受けながら，メモをとっています。メモ用紙の(1)～(5)のそれぞれにあてはまるものを**ア**～**エ**の中から１つ選んで，その記号を書きなさい。英文は２回読みます。 〈高知県〉

メ　モ

午前
○オーストラリアの (1) についての映画を見る
○映画で学んだことについて (2)
○伝統料理を作る

昼休み　１時間

午後
○ボランティア活動： (3)
○バスの出発時刻： (4)
○持っていくもの： (5)

(1) **ア** 観光　**イ** 生活
ウ 音楽　**エ** 言語
[　　　]

(2) **ア** 一人ずつ発表する
イ ペアで話し合い，発表する
ウ グループごとに話し合い，発表する
エ クラス全員が文章を書く
[　　　]

(3) **ア** お年寄りのために歌をうたう
イ お年寄りの話し相手になる
ウ お年寄りの家事を手伝う
エ お年寄りと一緒にゲームをする
[　　　]

(4) **ア** 1時35分　**イ** 1時40分
ウ 1時45分　**エ** 1時50分
[　　　]

(5) **ア** 飲み物　**イ** 筆記用具
ウ 贈り物　**エ** Tシャツ
[　　　]

🔊15　ハイレベル

7 ALTのジェシカ(Jessica)先生の話と質問を聞き，英語で書きなさい。英文は２回読みます。 〈富山県〉

絵・図・表を選ぶ問題

英文と質問を聞いて，適切な絵・図・表を選ぶ問題

ものの描写や位置関係を表した英文，数などを含んだ英文が放送され，最後にその英文に関する質問が放送される。その質問の答えとして適切な，絵・図・表を選ぼう。

放送を聞く前に，選択肢の絵・図・表を見比べて，それぞれどこが違うのかに注目しよう。この違いが放送を聞くポイントになる。

16

例題 対話と質問を聞いて，適切なものを選ぶ問題です。質問の答えとして最も適当なものを**ア**～**エ**の中から１つ選びなさい。 〈千葉県〉

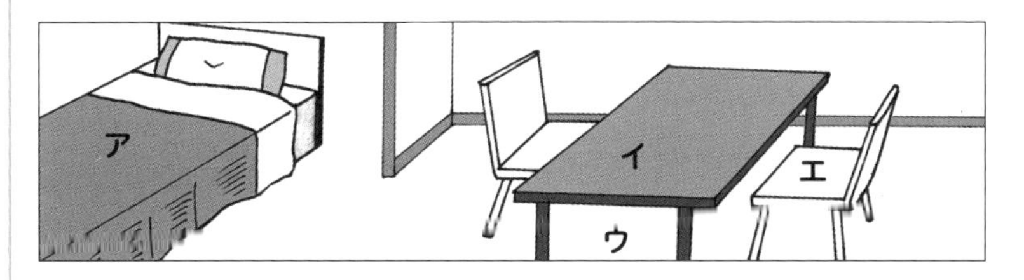

放送文

A : Did you see my watch?

B : It was on the table when I went to bed last night.

A : But it isn't there now. It isn't under the table, either.

B : Did you look under the chair?

A : Yes, but it isn't here.... Oh, I found it! It was on the chair!

Question : Where did the man find his watch?

日本語訳

A : ぼくの時計を見た？

B : 昨夜私が寝たときはテーブルの上にあったわ。

A : でも今はないんだ。テーブルの下にもないんだよ。

B : いすの下は見た？

A : うん，でもここにはない…。ああ，見つけた！ いすの上にあった！

質問：男性は彼の時計をどこで見つけましたか。

答えと解説 エ

最後にIt was on the chair! と言っている。

よくでる 位置関係を示す語(句)

ものや人の位置関係がよく問われるので，次の語(句)は必ず覚えておくようにしよう。

① **on** ～「～の上に」	② **under** ～「～の下に」
③ **in front of** ～「～の前に」	④ **behind** ～「～のうしろに」
⑤ **between A and B**「AとBの間に」	⑥ **next to** ～「～のとなりに」

入試問題で実力チェック！

🔊17

1 放送される英文の内容と一致するものを**ア**～**ウ**の中から１つ選んで，その記号を書きなさい。英文は２回読みます。 〈長崎県〉

(1) **ア** **イ** **ウ**

(2) **ア** **イ** **ウ**

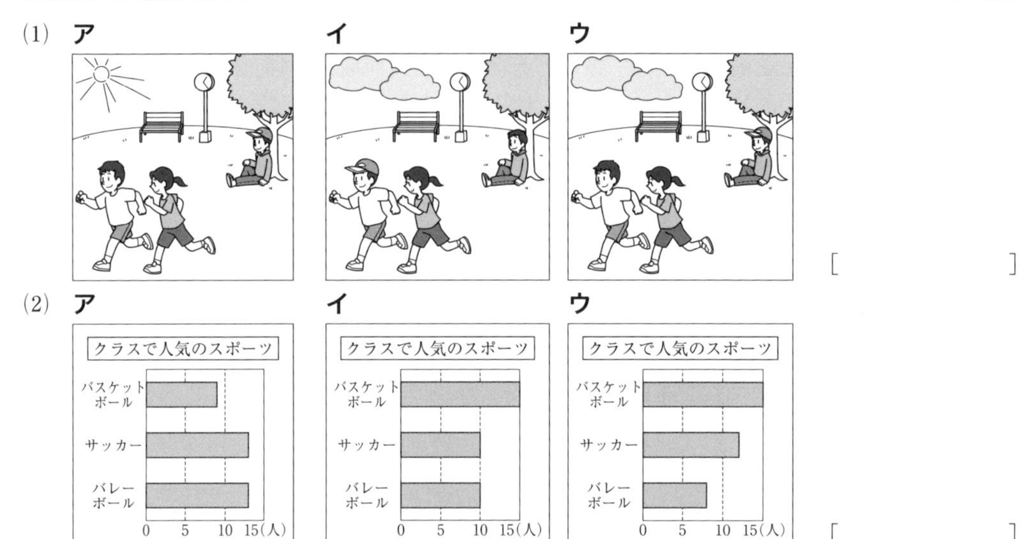

［　　　　］

［　　　　］

🔊18

2 (1)～(3)の英文を聞き，それぞれの英文の内容を最もよく表しているものを，**ア**～**エ**の中から１つ選んで，その記号を書きなさい。 〈鳥取県〉

正答率 96.0% (1) **ア** **イ** **ウ** **エ**

正答率 84.0% (2) **ア** **イ** **ウ** **エ**

正答率 86.9% (3) **ア** **イ** **ウ** **エ**

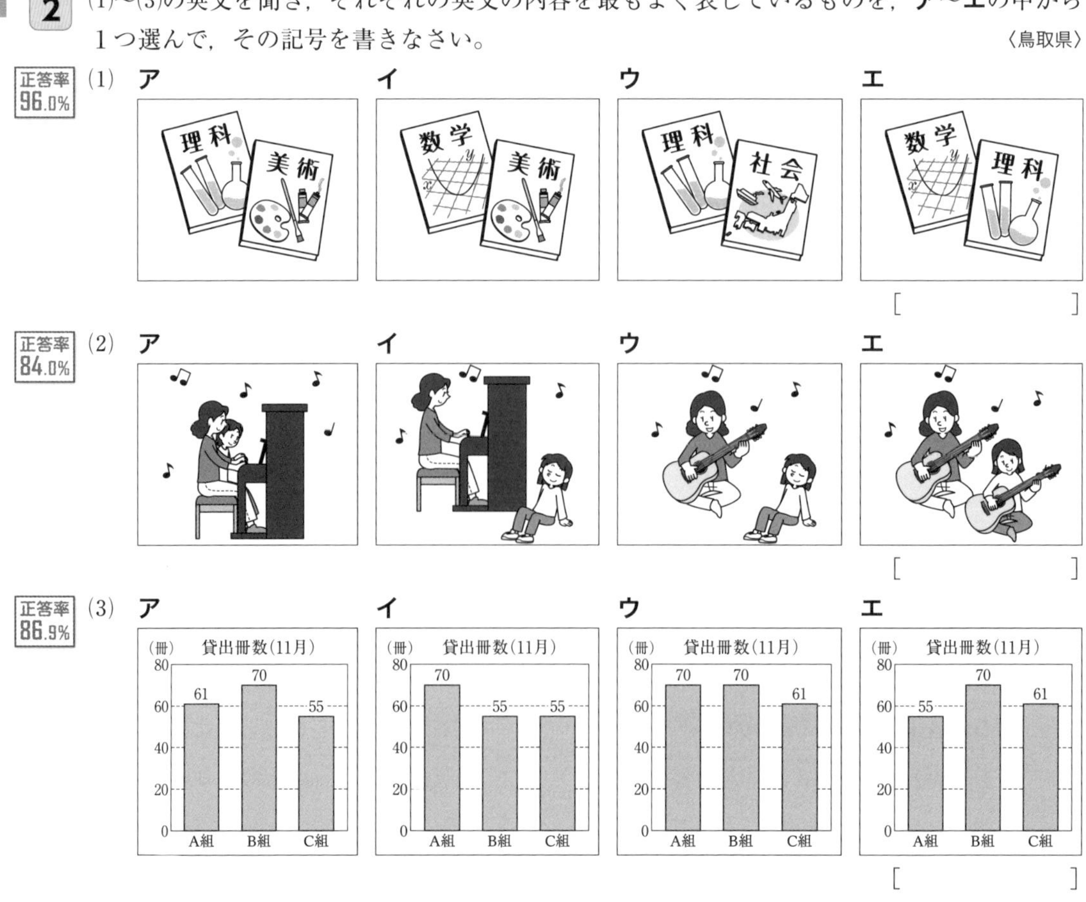

［　　　　］

［　　　　］

［　　　　］

🔊19 **3** (1), (2)の対話を聞いて，それぞれの質問の答えとして最も適当なものを**ア**～**エ**から１つ選んで，その記号を書きなさい。対話と質問は２回読みます。〈大分県〉

よくでる。

正答率 74.4%
(1)

ア

7						
SUN	MON	TUE	WED	THU	FRI	SAT
		1	2	3	4	5
6	7	8	9	10	11	⑫
13	14	15	16	17	18	19
20	21	22	23	24	25	26
27	28	29	30	31		

イ

7						
SUN	MON	TUE	WED	THU	FRI	SAT
		1	2	3	4	5
6	7	8	9	10	11	12
13	14	15	16	17	18	19
⑳	21	22	23	24	25	26
27	28	29	30	31		

ウ

8						
SUN	MON	TUE	WED	THU	FRI	SAT
					1	2
3	4	5	6	7	8	9
10	11	⑫	13	14	15	16
17	18	19	20	21	22	23
24	25	26	27	28	29	30
31						

エ

8						
SUN	MON	TUE	WED	THU	FRI	SAT
					1	2
3	4	5	6	7	8	9
10	11	12	13	14	15	16
17	18	19	⑳	21	22	23
24	25	26	27	28	29	30
31						

[　　　　]

正答率 80.3%
(2)

ア		**イ**		**ウ**		**エ**	
a.m.	p.m.	a.m.	p.m.	a.m.	p.m.	a.m.	p.m.

[　　　　]

🔊20 **4** 話される英語を聞いて，それぞれの後の質問に対する答えとして最も適当なものを**ア**～**エ**から１つ選んで，その記号を書きなさい。対話と質問は２回読みます。〈滋賀県〉

正答率 84.1%
(1)

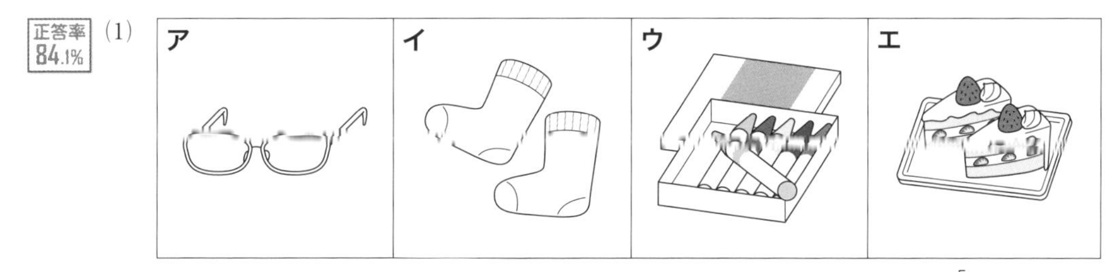

[　　　　]

正答率 53.0%
(2) **ア** **イ** **ウ** **エ**

[　　　　]

正答率 75.5%
(3)

[　　　　]

正答率 30.5%
(4)

[　　　　]

🔊21

5 智子(Tomoko)とボブ(Bob)の対話を聞いて，質問の答えとして最も適当なものを**ア**～**エ**から１つ選んで，その記号を書きなさい。対話と質問は２回読みます。〈福島県〉

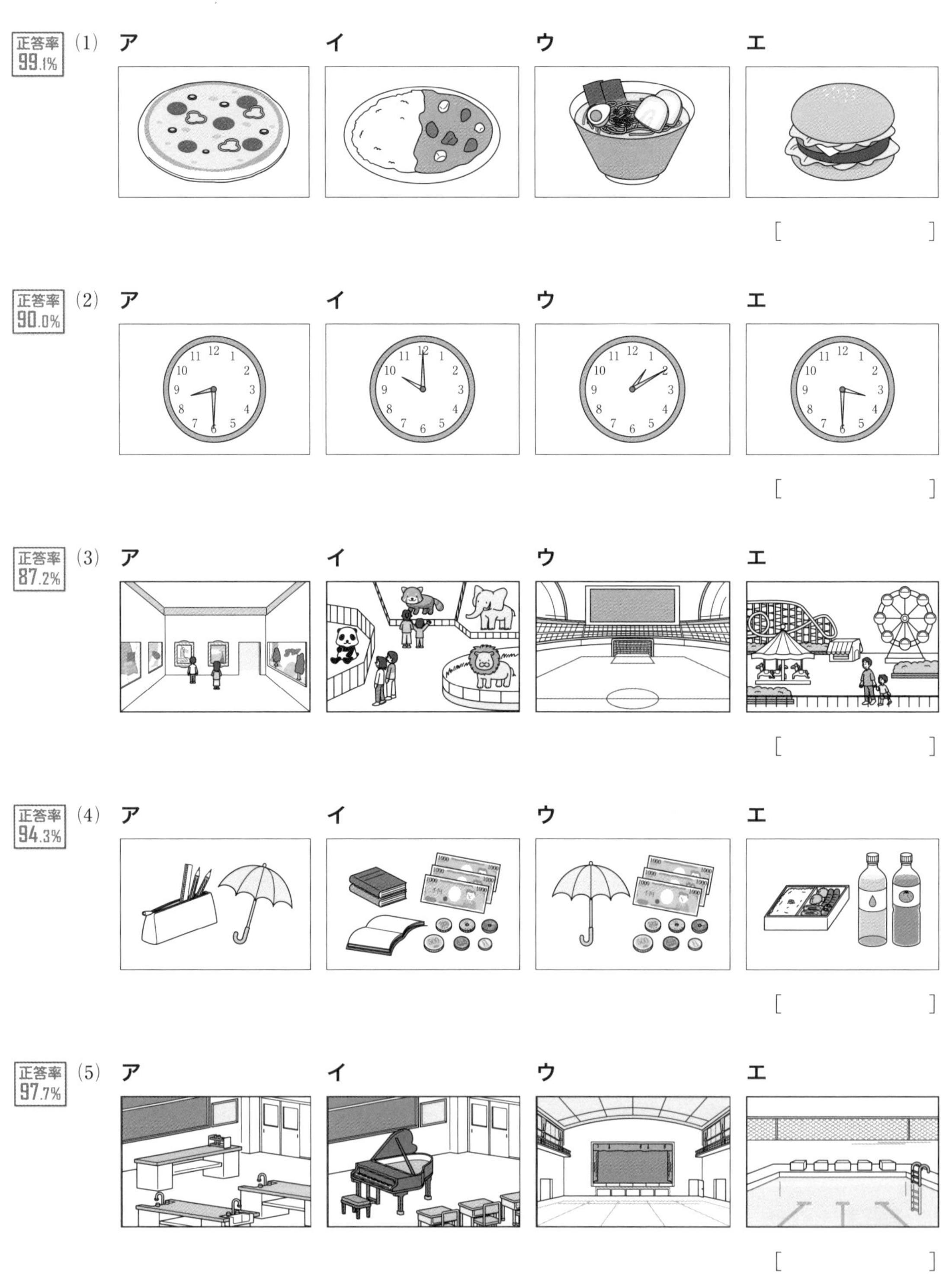

空所補充問題

英文に関するメモを完成させる問題

比較的長い文章が放送される。問題用紙に印刷されたメモなどの空所にあてはまる語句を答えよう。

放送文とメモで異なる表現が使われており，言いかえが必要な場合も多いので注意。

22

例題 中学生のKenは，高校で英語の体験授業に参加している。次の【メモ】は，KenがALTのWilson先生の話を聞きながら，授業のはじめに書いたものである。今から，そのときのWilson先生の話を聞いて，その内容に合うように，下線部(A)，(B)，(C)にはそれぞれ話の中で用いられた英語１語を，下線部(D)には場面にふさわしい４語以上の英語を書きなさい。〈山口県〉

【メモ】

About today's class
1．We should not be ＿(A)＿ of speaking English.
2．We should talk with students from ＿(B)＿ junior high schools.
　We can make new ＿(C)＿.
After the class
　We will ＿＿(D)＿＿. It's about the events at this school.

放送文

今から，Wilson先生の話を２回くり返します。では，始めます。

Hi, everyone. Welcome to our high school. I'm Mike Wilson. Today, you'll join our English class. Now, I'll tell you two important things for the class.

First, don't be afraid of speaking English. You don't have to speak perfect English. The most important thing is to enjoy the communication.

Second, try to talk with a lot of students. Today, students around you come from other junior high schools. I know it's not easy to talk to them. But it's a good chance to make new friends.

After the class, I'll show you a short video. It's about the events like the school festival at this school. I hope you'll be interested in them. Now let's start the class!

日本語訳

こんにちは，みなさん。私たちの高校へようこそ。私はマイク・ウィルソンです。今日，みなさんは私たちの英語の授業に参加します。では，あなたたちに授業に大切な２つのことを話します。

１つめに，英語を話すことをこわがらないでください。完璧な英語を話す必要はありません。最も大切なのはコミュニケーションを楽しむことです。

２つめに，多くの生徒と話すようにしてください。今日，あなたのまわりの生徒たちはほかの中学校から来ています。彼らと話すことが簡単ではないことはわかります。しかし，新しい友達を作るよい機会です。

授業のあと，短い動画を見せます。この学校の文化祭などの行事に関するものです。それらに興味を持ってもらえるとうれしいです。では，授業を始めましょう！

答えと解説 (A) **afraid**　(B) **other**　(C) **friends**　(D) **watch a short video**

１つめの大切なこととして先生が言ったdon't ～をWe should not ～.と言いかえている。Aはafraid。２つめの大切なこととして，先生は多くの生徒と話すように言い，その生徒たちはほかの中学校から来たと言っている。Bはother。また，それが友達を作る機会になるとも言っている。Cはfriends。授業のあとには短い動画を見せると言っているので，生徒の目線からは「短い動画を見る」ということになる。Dにはwatch a short videoなどの語句を入れる。

入試問題で実力チェック！

23

1 まず最初に，そこにある「美沙さんのメモ」をよく見てください。これから，中学生の美沙（Misa）さんと，留学生のスティーブ（Steve）さんの対話文を読みます。これを聞いて，「美沙さんのメモ」の(1)〜(3)に，それぞれあてはまる日本語や時刻を書きなさい。対話は２回読みます。

〈山形県〉

〈美沙（みさ）さんのメモ〉

祭りのダンスイベントについて
・（　(1)　）曜日に行われる
・集合時刻：午後（　(2)　）
・集合場所：音楽ホール
・Ｔシャツの色：（　(3)　）

正答率 36.6%　(1)[　　　　　　　]　正答率 31.9%　(2)[　　　　　　　]　正答率 95.7%　(3)[　　　　　　　]

24

2 あなたは，３日間の「イングリッシュ・デイ」（英語に親しむイベント）に参加している。今から，そのイベント初日における先生の話を聞いて，その内容に合うように，【ワークシート】の下線部(1)，(2)，(3)に，それぞれ話の中で用いられた英語１語を書きなさい。また，下線部(4)には，先生の質問に対するあなたの返答を，４語以上の英語で書きなさい。英文は２回読みます。

〈山口県〉

【ワークシート】

English Day

●**Activities**

Day 1	English ＿(1)＿ activity and presentation
Day 2	Going to a ＿(2)＿
Day 3	Making our ＿(3)＿ short movie in English

●**Q&A**

No.1 I ＿＿＿＿(4)＿＿＿＿.

(1)[　　　　　　　]　(2)[　　　　　　　]　(3)[　　　　　　　]

(4) ＿＿＿＿＿＿＿＿＿＿＿＿＿＿＿＿

🔊25

3 中学生のまみ(Mami)さんは，テニス部に所属しています。ある日，アメリカからの留学生エミリー(Emily)さんがまみさんの家を訪問しました。翌日，留守番電話にエミリーさんからのメッセージが残されていました。そのメッセージを聞き，次の**メッセージの内容の一部**の((1))，((2))にあてはまる適切な英語を，それぞれ**1語**で書きなさい。
また，まみさんはメッセージを聞いたあと，スミス先生(Mr. Smith)に電話をし，質問をしました。あとの**スミス先生への質問**の((3))にあてはまる適切な表現を，**4語以上**の英語で書きなさい。英文は2回読みます。〈鳥取県〉

メッセージの内容の一部

・Mami's ((1)) is to be a famous tennis player.
・The English club will have a party for Emily on ((2)).

スミス先生への質問

・Hello, Mr. Smith. This is Mami. I have a question. ((3)) in the English club? My friend, Emily, wants to know.

正答率 38.9% (1)[　　　　] 正答率 5.7% (2)[　　　　]

正答率 11.4% (3) ____________________

🔊26

4 あなたは，英語で学校新聞を作るために，新しく来たALTにインタビューをしています。そのインタビューを聞いて，英語で書いたメモを完成させなさい。対話は2回読みます。〈栃木県〉

● Island country
　・famous for its beautiful (1)(　　　　)
● Nice climate
　・over 3,000 (2)(　　　　) of sunshine
● Small country
　・the (3)(　　　　) size as Utsunomiya City
● Good places to visit

正答率 81.1% (1)[　　　　] 正答率 30.1% (2)[　　　　] 正答率 4.0% (3)[　　　　]

🔊27

5 ひかり(Hikari)が英語の授業で話した内容を聞きながら，(1)〜(5)の英文の空欄に入る最も適当な英語1語を書きなさい。英文は2回読みます。〈福島県〉

(1) Hikari's grandmother made a cushion and it is Hikari's (　　　　) cushion.
(2) Hikari has used her cushion since she was (　　　　) years old.
(3) Hikari always (　　　　) the cushion in her arms when she feels sad.
(4) Hikari's grandmother says to Hikari, "Just be (　　　　)."
(5) Hikari will give her grandmother a cushion as a (　　　　) present.

(1)[　　　　] (2)[　　　　] (3)[　　　　] (4)[　　　　] (5)[　　　　]
正答率 65.5% 正答率 78.9% 正答率 10.5% 正答率 51.4% 正答率 66.7%

リスニング編 でる順 5 位

絵・図・表に関する質問に答える問題

28〜32

絵・図・グラフ・表から情報を読み取って，質問に答える問題

放送される内容と，絵・図・グラフ・表で示された情報の両方を使って，質問に答えよう。

28

例題 次の表について，英語で質問をします。質問に対する答えとして最も適当なものを**ア**～**エ**の中から１つ選びなさい。 〈三重県〉

名前	行った場所	行った時期
Judy	東京	夏休み
Bob	大阪	冬休み
Akira	東京	冬休み
Keiko	大阪	夏休み

ア Judy did.　**イ** Bob did.　**ウ** Akira did.　**エ** Keiko did.

放送文

Who went to Osaka during the summer vacation?

日本語訳

夏休みの間，だれが大阪に行きましたか。

答えと解説 エ

表から，場所と時期を聞き取る必要があると予想しておく。疑問文のwho，Osaka，summer vacationから，表と合うのはKeiko。

よくでる 棒グラフ・折れ線グラフ

棒グラフや折れ線グラフはよく出題される。放送を聞く前に，グラフの横軸と縦軸が何を表すのかをチェックしておこう。

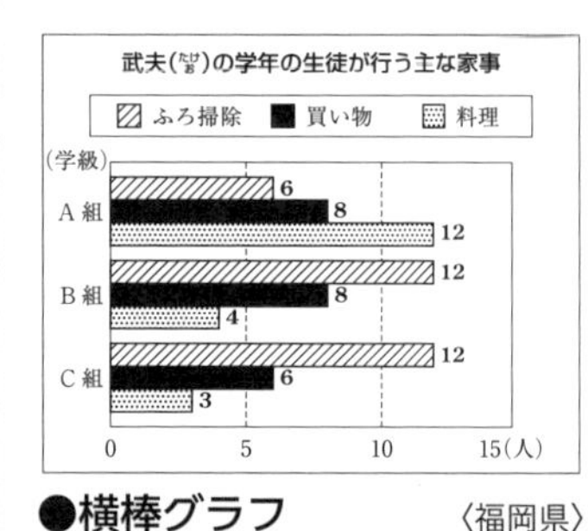

●横棒グラフ 〈福岡県〉

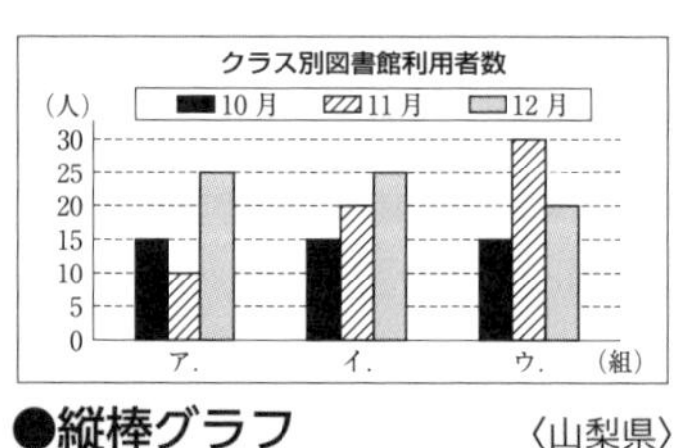

●縦棒グラフ 〈山梨県〉

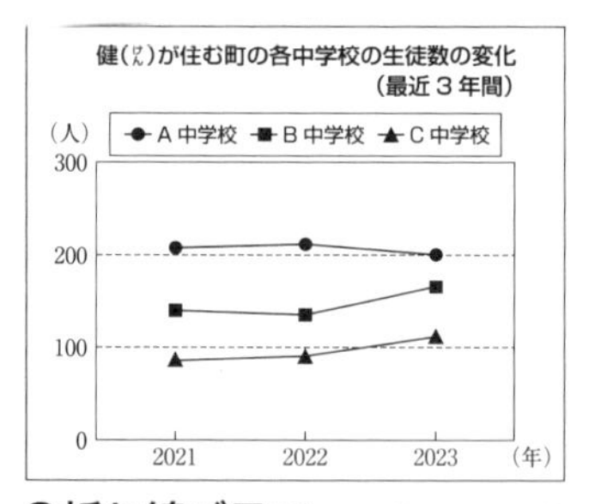

●折れ線グラフ 〈福岡県・改〉

入試問題で実力チェック！

🔊29

1 それぞれの質問に対する答えとして，最も適当なものを**ア**～**エ**の中から１つ選んで，その記号を書きなさい。質問は２回読みます。　〈三重県〉

名前	誕生日	昨年の誕生日にもらった物，それをくれた人
Satoru	12月12日	腕時計（うでどけい），祖父
Kenji	12月20日	自転車，祖父
John	12月12日	自転車，祖母
Paul	12月20日	腕時計，祖母

(1)　**ア**　Yes, he is.　**イ**　No, he isn't.　**ウ**　Yes, he was.　**エ**　No, he wasn't.
［　　　　］

(2)　**ア**　Satoru did.　**イ**　Kenji did.　**ウ**　John did.　**エ**　Paul did.
［　　　　］

🔊30

2 次の(1)～(3)の絵や表についてそれぞれA，B，Cの３つの英文が放送されます。絵や表を最も適切に表しているものをA，B，Cの３つの英文の中から１つ選んで，その記号を書きなさい。英文は２回読みます。　〈長崎県〉

(1)

(2)　**ある学校の生徒の通学方法**

徒　歩	200人
自転車	150人
バ　ス	50人

(3)

(1)［　　　　］　(2)［　　　　］　(3)［　　　　］

🔊31 **3** 由美（Yumi）とジョン（John）の会話を聞いて，質問の答えとして最も適当なものを**ア〜エ**の中から１つ選んで，その記号を書きなさい。会話と質問は２回読みます。〈静岡県〉

正答率 88.7%
(1) **ドッジボール大会　対戦結果**

	クラス	A組	B組	C組	D組	結果
ア	A組		×	○	×	1勝
イ	B組	○		○	○	3勝
ウ	C組	×	×		×	0勝
エ	D組	○	×	○		2勝

[　　　　　]

正答率 38.9%
(2)

西駅			中央駅	桜駅	東駅				港駅
ア			イ	ウ	エ				

[　　　　　]

🔊32 **4** 英語のベーカー先生（Mr. Baker）が涼子（Ryoko）さんと話しています。放送を聞いて，会話の後の(1)から(3)までの質問に対する最も適当なものを**ア〜エ**の中から１つ選んで，その記号を書きなさい。
また，あなたも涼子さんと一緒にベーカー先生と話しているとして，あなたならどんな質問をベーカー先生にしますか。ベーカー先生と涼子さんのやり取りの内容をふまえて，(4)は５語以上の英語で書きなさい。会話と質問は２回読みます。〈滋賀県〉

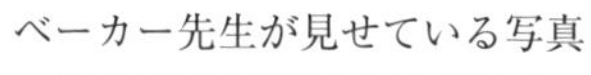
ベーカー先生が見せている写真

(1) **ア** Soccer player.　**イ** Student.　**ウ** Dancer.　**エ** Music teacher.　[　　　　　]

(2) **ア** For two years.　**イ** For seven years.
ウ For ten years.　**エ** For fourteen years.　[　　　　　]

(3) **ア** Because Mr. Baker is in Japan now.
イ Because the soccer team she wants to join is in Japan.
ウ Because Ryoko wants to play soccer better.
エ Because she wants to play soccer with Ryoko in Japan.　[　　　　　]

(4) あなたも涼子さんと一緒にベーカー先生と話しているとして，あなたならどんな質問をベーカー先生にしますか。ベーカー先生と涼子さんのやり取りの内容をふまえて，５語以上の英語で書きなさい。

実力完成テスト❶

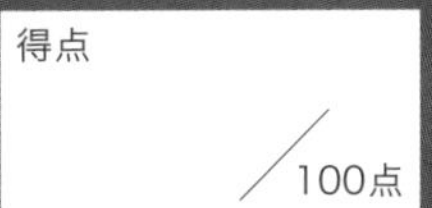

解答解説 別冊 P.37

1 【リスニング】 英語の対話を聞いて，最後の文に対する受け答えを選ぶ問題です。受け答えとして最も適当なものを，**ア**～**エ**の中から１つずつ選びなさい。 〈5点×2〉

(1) **ア** Because I caught a cold last week.
イ Not too bad, thank you.
ウ I went to the hospital yesterday.
エ I was fine yesterday, thank you.

[　　　　　]

(2) **ア** I'm sorry but I don't know.
イ I'm sorry to hear that.
ウ You're welcome. Have a nice day.
エ Here you are.

[　　　　　]

2 【リスニング】 放送を聞いて，質問に対する答えとして，最も適当なものを，**ア**～**エ**の中から１つ選びなさい。 〈5点〉

ア They will enjoy staying home.
イ They will watch DVDs in their house.
ウ They will go to see a movie.
エ They will go shopping.

[　　　　　]

3 あなたは将来何になりたいですか。その理由を含めて２文以上の英文を書きなさい。 〈15点〉

____

____

____

（問題は次のページに続きます）

次の英文は，トッド(Todd)という少年のクリスマスについて書いたものです。これを読んで，あとの問いに答えなさい。

When Todd was a little child, he loved Christmas because Santa Claus gave him presents. When he was three years old, Santa Claus gave him a wonderful picture book. He couldn't read the words, but he enjoyed looking at the pictures of the *dinosaurs he loved. When he was four, he got a small bicycle. He thought he could go *anywhere in the world. "How exciting!" he thought, "Thank you, Santa!"

But when Todd was six, he suddenly began to *wonder about something. "①サンタクロースは，どうやってぼくが何をほしがっているのかを知るのだろう。 How can he *enter into the house without a key?" But soon he forgot his *doubts, because on Christmas morning, he ②(find) a pair of *roller skates under the Christmas tree! He was so excited that he forgot about his question.

Now Todd is seven, and Christmas is ③(come) soon. But this year, ④he is not looking forward to Christmas. His father *has been ill in the hospital for three months. His mother is always very busy and tired. ⑤彼は，自分たちが幸せなクリスマスを楽しむことは難しい，とわかっている。

Last week, his mother asked him, "What do you want for Christmas, Todd?" She looked very *pale and tired. "This year we can't *put up the tree because Dad is in the hospital, but of course Santa Claus will bring you presents!"

"I don't want any presents," he answered.

His mother was surprised and said "What's the matter? Is something wrong?"

Todd said "Nothing is wrong, but I don't want any presents. I just want Dad to get well. I just want you to smile, Mom. I just want to be with *the two of you. I don't need anything else. Mom, can you tell Santa? Can he hear my wishes?"

His mother *hugged him *tightly in her arms. She smiled at him and said, "Of course he can hear your wishes. Don't worry, Todd. You're such a kind boy. Your wishes will come true."

(注) dinosaur(s) 恐竜　anywhere どこへでも　wonder about ～ ～について怪しいと思う
enter ～ ～に入る　doubt(s) 疑い　roller skates ローラースケート
have[has] been ill for ～ ～の間病気である　pale 顔色が悪い　put up the tree (クリスマス)ツリーを立てる
the two of you あなたがた2人　hug 抱きしめる　tightly きつく

(1) 下線部①，⑤の日本語の意味になるように，次の(　)内の語(句)をそれぞれ並べかえなさい。 〈5点×2〉

① How (what / does / I / Santa Claus / want / know)?

How ____________________?

⑤ He knows (to / a happy Christmas / is / enjoy / it / for them / difficult).

He knows ____________________

____________________.

(2) ②，③の(　)内の動詞を適切な形に変えなさい。 〈2点×2〉

②[　　　　] ③[　　　　]

(3) 下線部④のようにトッドが思ったのはなぜか，日本語で説明しなさい。 〈5点〉

____

____

(4) 本文の内容と合っているものを**ア**～**オ**の中から2つ選びなさい。 〈4点×2〉

ア When Todd was three years old, he could read books.
イ Todd got a pair of roller skates as a Christmas present when he was six.
ウ Todd has been ill in the hospital for three months.
エ Todd's mother put up the tree without her husband.
オ Todd said he wanted to spend Christmas with his parents.

[　　　　]
[　　　　]

(5) 英文のタイトルとして適しているものを，**ア**～**オ**の中から1つ選びなさい。 〈3点〉

ア Wonderful Christmas memories
イ The secret of Christmas and Santa Claus
ウ Todd's wish for Christmas
エ A Christmas party in the hospital
オ A Miracle on Christmas Day

[　　　　]

(問題は次のページに続きます)

5

次の対話について，(1) ～ (3) に入る最も適切なものを**ア**～**オ**の中からそれぞれ1つずつ選びなさい。 〈5点×3〉

Atsushi：Katy, have you ever been to karaoke?
Katy：(1)
Atsushi：Oh, why not? It's fun!
Katy：Well, I like listening to music, but I'm not good at singing.
Atsushi：(2)
Katy：Well, maybe for you it's easy. But I can't sing well.
Atsushi：Don't be so serious. You don't have to sing well.
The most important thing is to enjoy singing!
Katy：(3)
Atsushi：Not someday, let's go today! Don't be shy!
Katy：Well…OK, Atsushi, I'll go. Maybe it'll be fun to sing my favorite songs.

ア Yes, I love karaoke.
イ Well, I'd like to go to karaoke someday.
ウ No, I've never been.
エ You know, karaoke isn't very popular in America.
オ You know, it's not so difficult to sing a song.

(1)[ ] (2)[ ] (3)[ ]

6

次の文の( )に入れるのに最も適切な語(句)を**ア**～**エ**の中からそれぞれ1つずつ選びなさい。 〈5点×5〉

(1) How long has Mr. Smith ( ) English at this school?
(**ア** teach **イ** teaches **ウ** taught **エ** teaching)
[ ]

(2) This temple ( ) in 1678.
(**ア** build **イ** built **ウ** was building **エ** was built)
[ ]

(3) My father taught me ( ) to swim.
(**ア** how **イ** what **ウ** that **エ** which)
[ ]

(4) John bought a new house ( ) has a pool.
(**ア** who **イ** which **ウ** why **エ** how)
[ ]

(5) How ( ) do I have to take this medicine? —Twice a day.
(**ア** many **イ** much **ウ** old **エ** often)
[ ]

実力完成テスト❷

得点 ／100点

解答解説 別冊 P.39

1 【リスニング】 英語の文章を聞いて，それぞれの内容についての質問に答える問題です。質問の答えとして最も適当なものを，**ア**～**エ**の中から１つずつ選びなさい。 〈5点×2〉

(1)[　　　　] (2)[　　　　]

2 【リスニング】 英語の文章に対する質問の答えとして最も適当なものを，**ア**～**エ**の中から1つ選びなさい。 〈5点〉

ア James' family went to San Francisco and Los Angeles this summer.
イ James' family went to San Francisco by bus.
ウ James went to San Francisco by train, and the rest of his family took a plane.
エ It took thirteen hours for James' family to get to San Francisco.

[　　　　]

（問題は次のページに続きます）

次の英文は，中学生の美咲さんのスピーチの原稿です。これを読んで，下の問いに答えなさい。

My grandmother's name is Tada Sachiko. She is eighty years old, and lives in a small village in Wakayama. Her face is *tanned, and she has *deep lines on her *forehead, because ①she worked as a farmer for many years. She grew *watermelons in summer, and ②(take) care of *mandarin oranges in winter. She worked hard on her farm *throughout the year.

③Why did she have to work so hard? Her husband died quite young, so she had to work to take care of her children. She *brought up four children all by herself. She never dressed up. She was always in her dirty old work clothes. She didn't buy any new clothes for herself, but she gave her children new clothes. She couldn't take her children to restaurants, but they never ④(feel) hungry. She couldn't buy a lot of books for her children but she told them a lot of interesting stories in bed every night. She gave her children a lot of love.

⑤I love her tanned and *wrinkled face. It's a *symbol of her long *honest life and love for us. These days she looks very happy with her children and her many grandchildren. I'm glad when I see her happy smile. I think nothing is ⑥(beautiful) than her smile.

（注）tanned 日焼けしている　deep lines 深いしわ　forehead おでこ　watermelon(s) スイカ
mandarin orange(s) ミカン　throughout ～ ～を通して　bring up ～ ～を育てる
wrinkled しわのよった　symbol シンボル，象徴　honest 誠実な

(1) 次の文が下線部①と同じ意味の文になるように，(　)に適切な語を書きなさい。〈5点〉

①she worked as a farmer for many years
she worked on a (　　) for many years　[　　　　]

(2) ②，④，⑥の(　)内の語を適切な形に変えなさい。ただし1語とは限りません。〈3点×3〉

②[　　　　]　④[　　　　]
⑥[　　　　]

(3) 下線部③について，理由を日本語で説明しなさい。〈5点〉

(4) 日焼けしてしわのよった祖母の顔を，美咲さんが下線部⑤のように言ったのはなぜか，日本語で説明しなさい。 〈5点〉

(5) 次の問いに英語で答えなさい。 〈8点×2〉

(a) What did Sachiko grow on her farm?

(b) What did Sachiko do for her children every night?

4 高校生の健(たける)は，留学生のヴィクター(Victor)に電話をすることにした。健がヴィクターに伝えたい内容は，次の①，②である。あなたが健だったら何と言うか，2文の英語で書きなさい。 〈20点〉

① 次の土曜日，サッカーの試合を見に行くつもりである。
② ヴィクターがサッカーに興味があれば誘いたい。

(問題は次のページに続きます)

5 次の(　　)内の語(句)をそれぞれ並べかえなさい。ただし，(4)と(5)は不要な語(句)が1語ずつあります。〈5点×5〉

(1) *A*：(your dog / is / of / who / take / to / going / care) during your trip?
B：My uncle is.

______________________________ during your trip?

(2) (by / can / the cake / eaten / everyone / be) at the party.

______________________________ at the party.

(3) (to / me / these chairs / asked / my teacher / carry / to) the gym.

______________________________ the gym.

(4) *A*：(since / you / reading / been / read / this book / have) this morning?
B：Yes, I have. I can't stop reading it.

______________________________ this morning?

(5) (is / is / who / the woman / next to / sitting / me / which) my mother.

______________________________ my mother.

【出典の補足】
2022年埼玉県…p.15 大問6，p.33 大問1，p.76 大問1
2022年埼玉県 学校選択問題…p.69 大問1
2020年埼玉県…p.6 大問5(1)
2020年埼玉県 学校選択問題…p.69 大問2
2013年埼玉県…p.14 大問2(1)

文法編 でる順 1 位

不定詞・動名詞

入試問題で実力チェック！

➜本冊P.5

1 (1) ウ (2) ア (3) イ

2 (1) important to think about
(2) wanted us to read

3 running

4 (1) to practice (2) finished
(3) listening

5 (1) showed us how to grow (2) is to go shopping (3) think of something good to (4) him to call you (5) my friend helped me finish it (6) you for helping me (7) ask farmers to give some oranges

解説

1 (1) enjoyは動名詞を目的語にとる。(2) **〈be glad to＋動詞の原形〉**で「**〜してうれしい**」という意味になる。原因を表す副詞的用法の不定詞を使った表現。(3) あとに続くbe動詞wasから，**動名詞を主語にした形**にする。

2 (1) It'sで始まっているので，**〈It is 〜 to＋動詞の原形〉**の形で表す。**think about 〜**で「**〜について考える**」。
(2) 「**(人)に〜してほしいと思う**」は**〈want＋人＋to＋動詞の原形〉**で表す。thoughtが不要。

3 **stop**は**〜ing**で「**〜するのを止める**」という意味になる。〈to＋動詞の原形〉を続けると，「〜するために止まる」という意味になるので注意する。

4 (1) 「練習する」practiceを選び，〈to＋動詞の原形〉の形にする。**need to 〜**で「**〜する必要がある**」。
(2) 「スピーチをし終えた」なので，finishを選び，過去形にする。make a speechで「スピーチをする」という意味。**finishは動名詞を目的語にとる。**
(3) 「〜を聞く」listen to 〜とし，**前置詞byのあとに続けるので，動名詞とする。**

全訳
私たちのクラスではスピーチコンテストがありました。コンテストの前に，私はそのために一生懸命に練習する必要がありました。スピーチコンテストで自分のスピーチをやっと終えたとき，私はリラックスした気分になりました。クラスメートのスピーチを聞くことで，次回はどうすればより良いスピーチができるかを学びました。

5 (1) **〈疑問詞＋to＋動詞の原形〉**がshowの目的語になる。showed usのあとに**〈how to＋動詞の原形〉「どのように〜すべきか」，「〜のしかた」**を続ける。
(2) My planを主語にし，isのあとに**〈to＋動詞の原形〉**を続ける。

全訳
A：今週末のあなたの計画は何ですか？
B：私の計画は姉[妹]と買い物に行くことです。

(3) something「何か」に形容詞と不定詞(形容詞的用法)を続けるときは**〈something＋形容詞＋to＋動詞の原形〉**の語順。

全訳
A：そのパーティーに持ってくるのに何かよいものについて考えてくれませんか？
B：ピザを持ってくるのはどうですか？

(4) **〈tell＋人＋to＋動詞の原形〉**で「**(人)に〜するように言う**」という意味。文脈から(人)にはhimを入れる。

全訳
A：もしもし。リョウタです。ジョンと話してもいいですか？
B：すみませんが，彼はまだ戻っていません。彼に，あなたに電話をかけ直すように言いましょうか？
A：いいえ，結構です。私があとでまた彼に電話します。

(5) **〈help＋人＋動詞の原形〉**で「**(人)が〜するのを手伝う**」という意味。

全訳
A：私のプレゼンテーションはどうでしたか？
B：それはすばらしかったです。
A：ありがとうございます。実は，友達がそれを仕上げるのを手伝ってくれました。
B：まあ，そうなんですね。友達と一緒に勉強することはいいことですね。

(6) **Thank you for ～ing.**で**「～してくれてありがとう」**。

全訳
ピーター：カナダに帰らなくちゃいけないからぼくはとても悲しいよ。
サクラ：私はあなたと一緒に本当に楽しい時間をすごしたわ。
ピーター：たくさん助けてくれてありがとう，サクラ。
サクラ：どういたしまして，ピーター。また戻ってきてちょうだい。

(7) **〈ask＋人＋to ＋動詞の原形〉**で**「(人)に～するのをたのむ」**という意味。

文法編 でる順 2位

時制

入試問題で実力チェック！ ➜本冊P.8

1 (1) **ウ** (2) **イ** (3) **エ** (4) **ア**
2 bought
3 (1) are (2) swimming (3) does (4) sent
4 was
5 (1) spoke (2) cooks
6 (1) **ウ** (2) **イ**
7 **エ**

解説

1 (1) 動詞の原形workと過去を表す語yesterdayがあるので，一般動詞の過去の疑問文**〈Did＋主語＋動詞の原形 ～?〉**の形と考える。
(2) 形容詞のlateと過去を表す語yesterdayがあるので，be動詞の過去の疑問文**〈Was [Were]＋主語＋形容詞 ～?〉**の形と考える。
(3)「先週，私の父は東京(　)」という意味の文。過去を表す語句last weekがあるので，過去の文とわかることから，**ウ**か**エ**が入る。**ウ**のwentだと，Tokyoの前にtoが必要なので，**エ**が適切。(4) **〈Did＋主語＋動詞の原形 ～?〉**の文に対してはYesかNoで答える。**B**の最後の発言から，Yesだとわかるので，**ア**が適切。

全訳
A：あなたはこの本を読みましたか？
B：はい，読みました。それはとてもおもしろかったです。

2 Minamiの発言のlast weekから過去の文だとわかるので，buyは過去形boughtにする。

全訳
ベス：私は初めてこの和菓子店を訪れたの。
ミナミ：本当に？　私は先週この店で「さくらもち」を買ったの。それはとてもおいしかったわ。

3 (1) 主語がNatsuko and Iと複数で現在の文なので，be動詞はareが適切。(2) **「(今)～しているところだ」**という現在進行形の文は**〈am [are, is]＋動詞の～ing形〉**で表す。isがあるので，swim「泳ぐ」を～ing形swimmingにする。(3)「宿題をする」はdo one's homework。主語がHeと三人称単数で現在の文なので，doをdoesにする。(4)「送りました」なので，過去の文だとわかる。send「送る」は不規則動詞で，過去形はsent。**「(人)に(もの)を送る」**は**〈send＋人＋もの〉**で表す。

4 **〈Were you ～?〉**の文に対してYesの場合，**I was**を使って答える。

全訳
A：昨日，あなたは忙しかったですか？
B：はい，忙しかったです。私は母の手伝いをしました。

5 (1)「私は通りで友達に会い，彼女に(　)」という意味の文なので，speakを入れると意味が通る。**speak to ～**で**「～に話しかける」**。metから過去の文だとわかるので，spokeと過去形にする。(2)「毎朝，私が学校へ行く前に，私の母は朝食(　)」という意味の文なので，cookを入れると意味が通る。主語がMy motherと三人称単数で現在の文なので，cooksとする。

6 (1) be動詞を選ぶ問題。主語はThose pictures on the wall「壁にかかっているあれらの写真」と複数なので，**ウ**のareが適切。
(2)「今年の正月に私がそれらを(　)」という意味の文。themは**A**のthose picturesを指す。「(写真を)撮る」はtakeで不規則動詞。**イ**の過去形のtookが適切。

全訳
A：壁にかかっているあれらの写真はいいですね。
B：ありがとう。今年の正月に私がそれらを撮りました。

7 **B**の発言I got up at six this morning「私は今朝６時に起きました」に対する応答。gotはgetの過去形なので，**エ**のdidを選んでOh, did you?とする。Oh, did you(get up at six this morning)?の(　)内が省略された形。

全訳
A：あなたはふつう何時に起きますか？
B：私はふつう７時に起きますが，今朝は６時に起きました。
A：そうなんですか？　私も６時に起きましたよ。

文法編 でる順 3位
名詞・代名詞・冠詞・形容詞・副詞

入試問題で実力チェック！
➡本冊P.11

1 (1) He　(2) My
2 (1) エ　(2) イ　(3) エ　(4) エ
3 busy
4 do you have any bags for my
5 (1) children　(2) fifth
6 (1) エ　(2) ア　(3) ウ
7 (1) イ　(2) ウ　(3) エ

解説
1 (1) 疑問文の主語that manは答えの文ではHeで受ける。

全訳
A：あの男性はだれですか？
B：彼は私の学校の先生です。

(2)「私の名前」なのでMyで受ける。

全訳
A：あなたの名前は何ですか？
B：私の名前はリサです。

2 (1) Aがwhose「だれの」とたずねているので，「〜のもの」となるよう所有代名詞を選ぶ。

全訳
A：あなたはこれがだれのノートか知っていますか？
B：私は以前それをケイコの机で見たことがあります。だからたぶん彼女のものです。

(2) Bが「私はふつう日本の人気のある歌を聞きます」と言っているので，「あなたはどんな種類の(　)が好きですか」の空所にはmusic「音楽」が適切。

全訳
A：あなたはどんな種類の音楽が好きですか？
B：私はふつう日本の人気のある歌を聞きます。

(3) mine「私のもの」と所有代名詞を選ぶ。

全訳
A：これはだれのカメラですか？
B：それは私のものです。

(4)「とても疲れたけど，いい気分です」となるようにtiredを選ぶ。

3 「彼は宿題のせいでとても(　)です」という意味の文。空所の前の文で「トモキは私を手伝う時間がありません」と言っているので，busy「忙しい」が適切。

全訳
A：トモキは私を手伝う時間がありません。彼は宿題のせいでとても忙しいです。
B：ああ，本当ですか？　では，私があなたを手伝えますよ。

4 文末にクエスチョンマークがあるので，疑問文だとわかる。語群のdo，haveから一般動詞の現在の疑問文**〈Do＋主語＋動詞の原形〜?〉**の形と考える。myはbagsかsisterの前に置けるが，否定文と疑問文で用いるanyは，ふつう〈any＋複数名詞〉の形をとり，anyがbagsの前にしか置けないので，my sisterとする。anyは「何か」という意味。for 〜は「〜のための」という意味。

全訳
A：いらっしゃいませ。
B：ええと，私の姉［妹］のためのかばんはありますか？
A：はい，あります。このかばんは若い女の子の間でとても人気があります。

5 (1) 前にthreeがあるので，複数形にする。childの複数形は不規則に変化し，childrenとなる。
(2) Bが「５月」と答えているので，Aは「５番目の月」を英語で何と言うかをたずねている。fifth「５番目の」。

全訳
A：英語で１年のうちの５番目の月を言えますか？
B：５月です。

6 (1) **〈every＋単数名詞〉は単数扱い。**(2) **one of 〜「〜のうちの１つ」**は単数扱い。(3)「水はたくさんある，しかし」とあるので「十分でない」を入れる。

7 (1) 前にtheがあるので，**「〜番目の」**を表す序数が入るとわかる。選択肢の中で序数なのは**イ**のfirst「１番目の」。

(2) 前置詞forのあとの代名詞は目的格。**目的格は「～を[に]」の形。**ここでは「私たちに」を表す**ウ**のusが適切。

(3) 「人」が主語なので，**イ**か**エ**が入る。あとにhad a great time「すばらしい時間を過ごした」とあるので，bored「退屈した」ではなく**エ**のexcited「興奮して」が適切。

全訳

5月10日，日曜日

ぼくは兄[弟]のタカシと栃木川に釣りに行きました。ぼくが川で釣りをするのは初めてでした。タカシはぼくに釣りの方法を教えてくれました。午前中，彼はたくさんの魚を釣りましたが，ぼくは1匹も魚を釣ることができませんでした。正午に，ぼくたちは母がぼくたちに作ってくれた昼食をとりました。ぼくたちはそれを本当に楽しみました。午後に，ぼくは再び挑戦しました。岩の後ろに大きな魚が見えました。ぼくは長い間，機会を待ち，ついにそれを釣りました！ それはタカシが釣ったどの魚よりも大きかったです。ぼくは興奮して，すばらしい時間を過ごしました。

文法編 でる順 4位 現在完了

入試問題で実力チェック！ ➜本冊P.14

1 (1) **イ**　(2) **イ**　(3) **イ**

2 (1) decided　(2) been

3 has not finished his homework

4 been, since

5 (1) never seen such an interesting
(2) Have you ever been to　(3) have you been looking　(4) how long have you played

6 have been practicing the

7 **イ**

解説

1 (1) 現在完了の文なので，**〈have[has]＋過去分詞〉**で表す。studyの過去分詞はyをiにかえて-edをつけstudiedとする。

(2) 空所の前にhaven'tがあるので，**現在完了の否定文〈have[has] not＋過去分詞〉**で表す。seeの過去分詞はseen。直訳すると「私はあなたに長い間会っていません」となるが，「ひさしぶりですね」という表現。

(3) 文末にsince Monday「月曜日から」とあるので，現在完了の文**〈have[has]＋過去分詞〉**だとわかる。be動詞の過去分詞はbeenなので，has beenが適切。

全訳

〔学校へ行く途中で〕
A：今日も暖かいね。
B：月曜日から気候がずっと暖かいね。

2 (1) I'veはI haveの短縮形。現在完了の文**〈have[has]＋過去分詞〉**で表す。(2) 現在完了の疑問文**〈Have[Has]＋主語＋過去分詞～?〉**なので，beは過去分詞**been**にする。

3 「まだ～していません」は現在完了の「完了」の否定文**〈have[has]＋not＋過去分詞＋yet〉**で表せる。doesが不要。

4 「この田んぼは，～私のお気に入りの場所です」より，動詞はbe動詞だとわかる。1つめの空所の前にhasがあるので現在完了の文**〈have[has]＋過去分詞〉**と考え，**be動詞は過去分詞been**とする。2つめの空所は，日本語から「～から(ずっと)」という意味の**since**が入る。

5 (1) haveと語群のneverから，現在完了の否定文**〈have[has]＋never＋過去分詞〉**だとわかる。**〈such a[an]＋形容詞＋名詞〉**で「そんなに～」という意味。

全訳

A：昨晩，あなたは映画を楽しみましたか？
B：はい，私はそんなにおもしろい映画を見たことがありません。

(2) 現在完了の疑問文**〈Have[Has]＋主語＋過去分詞 ～?〉**で表す。

全訳

A：あなたは今までに東京に行ったことがありますか？
B：いいえ，これが私の初めての東京訪問です。

(3) whatを使った**現在完了進行形の疑問文〈What have[has]＋主語＋been＋動詞の～ing形 ～?〉**で表す。

全訳

A：あなたは今朝からずっと何を探しているのですか？
B：私の辞書です。父が私にそれを買ってくれました。

(4) how longを使った**現在完了の疑問文〈How long have[has]＋主語＋過去分詞～?〉**で表す。

全訳

マサト：サラ，きみはとても上手にギターを弾くね。
サラ：ありがとう，マサト。私はそれを弾くのがただ大好きなだけよ。
マサト：ええと，きみはどのくらいギターを弾いているの？
サラ：約10年間よ。

6 語群のbeenとhaveから**現在完了進行形の文〈have[has]＋主語＋been＋動詞の〜ing形〜?〉**で表す。

7 ライアンに映画に誘われたケンタはSorry. と言っているが，さらにライアンが別の映画を提案していることから，ケンタは最初にライアンが提案した映画を見たことがあるとわかる。**イ**のI've already seen it.「私はすでにそれを見てしまいました」が適切。**ア**「私は一度アメリカに行ったことがあります」，**ウ**「私は一度も犬に触れたことがありません」，**エ**「私は昨年から犬を飼っています」という意味。

全訳

ライアン：「ぼくの犬」という映画を見に行こうよ。それはアメリカの良い映画だよ。
ケンタ：ごめんね。ぼくはすでにそれを見たんだ。
ライアン：じゃあ，「長い川」はどう？

文法編 でる順 **5**位

文型

入試問題で実力チェック！ ➜本冊P.17

1 (1) **イ**　(2) **ア**　(3) **エ**
2 always keeps the room clean
3 called
4 (1) show you some pictures　(2) tell me how to get　(3) named it Shiro after its　(4) gave it to me for　(5) tried to make it more famous
5 tells me to watch

解説

1 (1)「タカシは野球をするとき，幸せ(　)」という意味の文。**「〜に見える」〈look＋形容詞〉**で，looksが適切。(2)「タカシは私に釣りの方法を(　)」という意味の文なので，**「(人)に(物)を〜する」**という〈S＋V＋O_1＋O_2〉の形をとる動詞が入る。選択肢の中でこの形をとるのはtaught（=teachの過去形）のみ。(3)「私が『おはよう』と言うと，彼らはほほえみます」に続くので，「そのことは私をうれしくします」とすれば意味が通る。**〈make＋人＋形容詞〉**で**「(人)を〜の状態にする」**を表す。

2 「部屋をきれいにしておく」は，「部屋をきれいな状態にしておく」と考え，**〈keep *A B*〉「*A*を*B*の状態にしておく」**で表せる。alwaysはふつう一般動詞の前に置く。tellsが不要。

3 「人々はそれを瀬戸物(　)，そしてそれは特に東日本で有名になりました」という意味の文なので，calledを入れて「〜と呼びました」とすると意味が通る。**〈call *A B*〉**で**「*A*を*B*と呼ぶ」**。

4 (1)**〈show＋人＋事・物〉「(人)に(事・物)を見せる」**の形で表す。ここでは，「人」はyou,「事・物」はsome pictures which I took in the classとなる。
(2) 語群に動詞のtellとgetの２つがあり，さらにhowとtoがあることから，動詞のうち１つは**〈how to＋動詞の原形〉**の形になるとわかる。**〈tell＋人＋物〉**で**「(人)に(物)を教える」**となるので，Will youのあとにtell meを続け，「物」にあたる部分にhow to get (there)を続ける。

全訳

A：あなたは今までにその博物館に行ったことがありますか？
B：いいえ。そこへの行き方を私に教えてくれませんか？

(3) namedと-dがついていることから，これが動詞だとわかる。**〈name *A B*〉**で**「*A*を*B*と名づける」**という意味なので，named it Shiroとする。また，**after**は**「〜にちなんで」**という意味があるので，after its (color)で「それの色にちなんで」とする。

全訳

A：あなたは新しい犬の名前を決めましたか？
B：はい。私はそれをそれの色にちなんでシロと名づけました。

(4)**〈give＋物＋to＋人〉「(人)に(物)を与える」**の形で表す。ここでは，「物」はit（＝T-shirt）。

全訳

サリー：あなたのTシャツはすてきね。どこでそれを手に入れたの？
ケンジ：ぼくの兄［弟］が誕生日にぼくにくれたんだ。
サリー：それはいいわね。

(5) 主語がSheで三人称単数なので，この文の動詞はtriedとわかる。**〈try to＋動詞の原形〉**で**「〜しようとする」**という意味なので，あとにto makeを続ける。また，**〈make＋物＋形容詞〉**で**「(物)を〜(の状態)にする」**となるので，「物」をit，「形容詞」をmore famousにすると意味が通る。

全訳

A：ワンガリ・マータイさんはすばらしい人だったそうですね。
B：はい。彼女はアフリカ出身で，世界に日本語の「もったいない」という言葉を紹介しました。
A：彼女はまた，世界でそれをより有名にしようともしました。

5 **〈tell＋人＋to 〜〉「(人)に〜するように言う」**の形で表す。ofが不要。

全訳

A：あなたの英語はとても上手です。どうやって英語を学んでいるのですか？
B：私の母は私に英語で英語の映画を見るようにいつも言います。だから，毎日私はそうしています。

文法編 でる順 5位

比較

入試問題で実力チェック！ ➡本冊P.20

1 (1) ウ　(2) ウ

2 (1) than　(2) better

3 (1) earlier　(2) best　(3) more　(4) biggest

4 (1) run as fast as　(2) was not as interesting
(3) is the most exciting sport　(4) taken in Hiraizumi looks better than

5 most beautiful picture I've ever

解説

1 (1) 前にthe，文末にin Japanがあるので，**〈the＋最上級＋in[of] 〜〉「〜の中で最も…」**の形と考える。highの最上級はhighest。

(2) 直前にfaster，あとにany other boyがあるので，比較の文**〈比較級＋than any other＋単数名詞〉「ほかのどの〜よりも…」**の形。

全訳

〔公園で〕
A：ねえ，見て。向こうにいる少年はとても速く走っているよ。彼を知ってる？
B：うん，彼は私のクラスメイトよ。彼はクラスのほかのどの少年よりも速く走るわ。

2 (1) 前に比較級moreがあるので，**〈比較級＋than 〜〉**の形と考える。

(2) 直後にthanがあるので，比較級が入るとわかる。「私は昨日よりもずっと(　)に感じます」という意味の文。次にジムが「それを聞いてうれしいです」と言っているので，マキの具合は良くなっていると考え，I feel good. の**goodを比較級better**にして入れる。**muchは比較級の前に置くと，「ずっと〜」と比較級の意味を強調する。**

全訳

ジム：やあ，マキ。きみは昨日具合が悪くて学校を早退したそうだね。今日は具合はどう？
マキ：昨日よりもずっと良く感じるよ。病院へ行って薬を飲んだの。
ジム：それを聞いてうれしいよ。

3 (1) 直後にthanがあるので，比較級にする。earlyはyをiにかえて-erをつけearlierとする。
(2) **〈the＋最上級＋名詞＋in 〜〉**の形。goodは不規則変化する形容詞で，最上級はbest。
(3) 後ろにthanがあるので，比較級moreにする。

全訳

A：私は50枚のCDを持っています。
B：本当ですか？　でも私は，トムはあなたよりも多くのCDを持っていると思います。

(4) **〈one of the＋最上級＋複数名詞＋in[of] 〜〉**の形。bigはgを２つ重ねて-estをつける。

4 (1) 語群にasがあるので，**〈as＋原級＋as 〜〉**の形にする。

全訳

A：だれがより速く走りますか，あなたですか，それともケンですか？
B：私はケンと同じくらい速く走ります。

(2) 語群にnotとasがあるので，**〈not as＋原級＋as 〜〉**の形にすると考える。

全訳
A：その映画はどうでしたか？
B：そうですね，私たちが先月見た映画ほどおもしろくはなかったです。
A：わかりました，それでは私はそれを見ないことにします。

(3)「最もわくわくするスポーツ」となるようにexcitingの最上級を使ってthe most exciting sportのかたまりを作る。

全訳
A：あなたはサッカーが好きですか？
B：はい。サッカーは私にとって最もわくわくするスポーツです。

(4)「〜よりよく見える」という意味になるようにlooks better thanとする。残った語からtaken in Hiraizumiのかたまりを作り，the pictureを後ろから修飾する。

全訳
A：あなたは岩手の写真を持っていますか？
B：はい。私は2枚のよい写真を持っています。あなたにそれらを見せましょう。
A：ああ，平泉で撮られた写真は岩手山の写真よりよく見えます。
B：はい。私もそう思います。

5 **〈the＋最上級＋名詞(＋that)＋主語＋have[has]＋ever＋過去分詞〉で「(主語)が今まで〜した中で最も･･･な(名詞)」**という意味になる。whenが不要。

全訳
A：あなたはこの写真[絵]が好きですか？
B：はい。私は，それは私が今までに見た中で最も美しい写真[絵]だと思います。

文法編 でる順 7位 疑問詞

入試問題で実力チェック！ ➡本冊P.23

1 (1) **イ** (2) **ア**
2 (1) **ア** (2) **イ**
3 (1) How many rackets do you (2) Who took this picture (3) which bus goes to the

解説

1 (1) It's mine.「それは私のものです」と答えているので，**「だれの〜」**とたずねる**Whose**を入れる。

全訳
A：これはだれの鉛筆ですか？
B：それは私のものです。

(2) 交通手段をたずねる疑問詞はhow。

全訳
A：あなたは自転車で学校に来ますか？
B：いいえ，来ません。
A：あなたはどうやって学校に来ますか？
B：私は毎日学校へ歩いて来ます。

2 (1) 電話が見つからないからどうしようと言うAに対するBの質問。空所のあとに「たぶん，あなたはそこでそれを見つけるでしょう」と言っていることから，最後にどこで使ったかをたずねる**ア**が適切。**イ**「あなたは何を買いましたか」，**ウ**「私を助けてくれますか」，**エ**「あなたの電話を見てもよいですか」は不自然。

全訳
A：ああ！　私の電話が見つからない。何をすべきかしら？
B：最後にそれをどこで使った？　たぶん，あなたはそこでそれを見つけるでしょう。

(2) 次にショウタが新しい英語指導助手と話したと言っているので，**イ**が適切。**ア**「あなたはどこの出身ですか」，**ウ**「どちらがあなたの部屋ですか」，**エ**「あなたは何をする予定ですか」はどれも次のショウタの発言に続かない。

全訳
ジェニー：こんにちは，ショウタ。あなたはどうしてそんなに興奮しているの？
ショウタ：ぼくは，ぼくたちの新しい英語指導助手と話したんだ。彼はすてきだよ！
ジェニー：わあ，本当？　私は彼にすぐ会いたいな。

3 (1) **〈how many＋複数名詞〉**はかたまりで文頭に置く。そのあとは疑問文の語順。

全訳
A：あなたは何本のラケットを持っていますか？
B：私は３本持っています。私は昨日，新しいのを１本買いました。

(2) 疑問詞が主語になる疑問文〈**疑問詞＋動詞 ～?**〉にする。
(3) 疑問詞が主語になる疑問文〈**疑問詞(＋語句)＋動詞 ～?**〉にする。which busをかたまりで最初に置く。

全訳
女性：ええと，どのバスが博物館へ行きますか？
マキ：次のバスに乗ってください。でも心配しないでください。私は同じバスに乗るつもりです。

文法編 でる順 8位

関係代名詞

入試問題で実力チェック！ ➡本冊P.25

1 ア
2 who[that]
3 anyone who plays the guitar
4 (1) a lot of places which many foreign people visit (2) is the train that goes to (3) places loved by many people who enjoy (4) show me the dolls you made

解説

1 空所のあとにwasがあるので，主格の関係代名詞whichを使ってthe catを後ろから説明する。
2 空所のあとにareがあるので，主格の関係代名詞whoを使ってMany peopleを後ろから説明する。thatでもよい。
3 Do you know「あなたは知っていますか」が与えられているので，anyone「だれか」を続ける。語群にwho，playsがあるので，anyoneを先行詞として，関係代名詞whoで「ギターを上手に弾く」をつなげる。whichが不要。
4 (1) **There are ～「～がある」**のあとにa lot of placesを続ける。「たくさんの外国の人々が訪れる多くの場所」となるように関係代名詞whichを使ってa lot of places which many foreign people visitとする。

(2) まずwhichと文末のクエスチョンマークからwhichを使った疑問文だとわかる。語群に動詞がisとgoesの２つあるので，thatを関係代名詞として使うと考える。which goes ～とするとあとが続かないので，which is the trainと文の骨組みとなる部分を作る。「山形に行く電車」とすると意味が通るので，〈**先行詞＋関係代名詞(主格)＋動詞 ～**〉の語順に合わせ，that goes toを続けるとよい。

全訳
男性：すみません，どれが山形に行く電車ですか？
女の子：あの緑の電車に乗れますよ。

(3) one of the ～「～のうちの１つ」が与えられているので，続く単語は複数形places。語群にlovedとbyがあるので，(one of) the placesを後ろから修飾する形で続ける。「～に愛され(てい)る場所」という意味になるのでbyのあとにはmany peopleを続ける。残りのenjoyとwhoから**whoは主格の関係代名詞**としてmany peopleの後に続けて，many people who enjoy (seeing them)とすると意味が通る。

全訳
A：あなたは今までに岩手の桜を見たことがありますか？
B：いいえ，ありません。
A：岩手公園はそれらを見るのを楽しむたくさんの人に愛されている場所の１つです。
A：私は今年の春にそこに行きたいです。

(4) Can youに続く動詞は原形なので，showだとわかる。〈show＋人＋物〉の語順と考え，show me the dollsを組み立てる。残りのmadeとyouから「あなたが作った」となるよう，you madeとする。the dollsを後ろから修飾した形で続ける。**目的格の関係代名詞が省略された文。**

全訳
A：私は昨日折り紙の人形をいくつか作りました。
B：あなたが作ったその人形を私に見せてくれますか？

長文編
でる順 **1** 位

適切な語・文を補充する問題

入試問題で実力チェック！ ➡本冊P.28

1 (A) **4**　(B) **2**　(C) **3**

2 A **ウ**　B **ウ**

3 A **イ**　B **ウ**　C **ア**

4 ① **エ**　② **ウ**　③ **オ**　④ **イ**

5 (1) **ア**　(2) A **エ**　B **ア**

解説

1 (A)空所の前は「ええと，私は家族と一緒に祖母の家に行きます」，空所のあとは「私たちはお雑煮のような特別な食べ物を食べます」とそれぞれ完全な文になっているので，代名詞や関係代名詞，疑問詞は入らない。whileは「～する間」という意味で，ここでは不適。よって「そして」という意味のandが適切。(B)「ぼくたちはそれをお雑煮(　)」という意味の文。it＝*ozoni*が成り立つので，ＳＶＯＣの文だとわかる。選択肢の中でこの形をとる動詞はcallのみ。〈call＋Ｏ＋Ｃ〉で**「ＯをＣと呼ぶ」**という意味。(C)「ぼくは小さい子どもたち(　)するのが好きです」という意味の文。**take care of ～「～の世話をする」**が適切。come from ～は「～出身である」，arrive at ～は「～に着く」，be famous for ～は「～で有名である」という意味。

全訳

アン：あなたは普段，元日はどう過ごすの？
タロウ：ええと，家族と一緒に祖母の家に行って，お雑煮のような特別な食べ物を食べるよ。きみはお雑煮を食べたことがある？
アン：いいえ。それは何？
タロウ：日本の伝統的な元日のためのスープ料理だよ。ぼくたちはそれをお雑煮と呼ぶんだ。
アン：元日のための特別な料理ですって？　おもしろそうね。
タロウ：今年の元日には，おばが彼女の息子と一緒にぼくたちに会いに来てくれたんだ。彼は幼すぎてまだお雑煮をうまく食べられなかったから，ぼくが彼を手伝ったよ。ぼくは小さい子どもの世話をするのが好きなんだ。ぼくたちは一緒にお雑煮を楽しんだよ。

2 A 空所のあとに「なぜなら彼は，彼女が長い間入院すべきだと聞いたので」とあることから，「心配して」という意味のworriedが適切。B 由香が話し始めるまで岡先生はほほえんで待ち，その後由香はだんだん安心したとあることから，**ウ**「ただ彼女の話を聞いた」が適切。**ア**は「彼女を素早く止めた」，**イ**は「その部屋をすぐに出た」という意味。

全訳

直人が３年生になったとき，家族にあることが起こった。由香の体調がとても悪くなったのだ。そして，深刻な病気だとわかった。直人は，彼女が長期間入院するべきだと聞き，心配になった。彼は彼女を助けたいと思ったが，何をすればよいかわからなかった。ある日，彼のお母さんは彼に，由香の服を病院に持っていくよう頼んだ。彼が由香の部屋に入ると，彼女は彼を見て，「私は病気がとても怖くて夜眠れないの」と言った。彼はそれを聞いてとても衝撃を受けた。「私はどうすればいい？」と彼女は言ったが，彼は何も言えなかった。そのとき，岡先生が部屋に入ってきた。「悲しそうだね。大丈夫？」と彼は由香に言った。彼女はしばらく話せなかったが，岡先生はほほえんで待っていた。すると，彼女は話し始め，岡先生はただ彼女の話を聞いた。彼女はしだいに安心し，岡先生にほほえみかけた。直人は，由香の気持ちが変わったことに気づいた。

3 A 前でジムがCan I see the menu?と健太にたずねており，健太がそれにSure.と答えたあとに続く部分。ジムが直後でThank you.と言っていることから，健太がジムにメニューを手渡したと考え，**イ**「はい，どうぞ」を入れる。B 直前のジムの言葉にThey（＝waiters）really take care of us.とあり，直後の健太の言葉にそれに同意する内容があるので，**ウ**「それは本当だね」を入れる。C ２つ前の文からジムはコップを倒してしまったことがわかる。また，直後でジムが健太にお礼を言っていることから，**ア**「きみは大丈夫かい？」を入れる。

全訳

（健太はジムを初めてラーメン店に連れてきている）
ジム：メニューを見てもいいかな？
健太：いいよ。はい，どうぞ。
ジム：ありがとう。ああ，それにはたくさんの種類のラーメンがのっているね。ええと…健太，どれが食べるのに一番いいかな？
健太：これはどうかな？　それは本当においしいよ。ぼくはそれを注文するよ。
ジム：じゃあ，ぼくも同じものを注文するよ。
（店員がハンドタオル２つと水の入ったコップを２つ持ってくる。健太とジムは自分たちのラーメンを注文する）
ジム：この熱いハンドタオルはどうやって使うの？

健太：食べる前に，それで手をふいてきれいにするんだ。それをおしぼりと呼ぶよ。
ジム：ああ，それはすてきなサービスだね。アメリカにはたいてい，手をふくための紙ナプキンがあるけれど，おしぼりは以前に見たことがないよ。今日みたいに寒い日には，熱いおしぼりはいいね。ぼくはそれを気に入ったよ。
健太：夏には，店員さんはふつう冷たいおしぼりもくれるんだよ。
ジム：わあ！　彼らは本当にぼくたちのことを気にかけてくれているね。
健太：それは本当だね。彼らは何が正しいサービスなのかということと，その正しいタイミングを理解しているね。きみは「おもてなし」という言葉を知っている？　それはよいサービスを意味する日本語なんだ。
ジム：それはすてきだね。ああ，見て！　店員さんがぼくたちのラーメンを持ってきてくれたよ。食べよう。
（ちょうどそのとき，ジムはコップを倒してしまう。健太はテーブルをふくのに自分とジムのおしぼりを使う）
健太：きみは大丈夫かい？
ジム：ああ，ありがとう。申し訳ないことに，きみは自分のおしぼりをもう使えないね。
健太：大丈夫だよ。おしぼりをこのように使うこともあるんだ。それにはたくさんの使い道があるから，とても便利なんだよ。
（すぐに店員が新しいおしぼりを持ってくる。健太とジムは自分たちの手をふく）
ジム：店員さんが，ぼくたちがちょうど必要とするときに新しいおしぼりを持ってきてくれたよ。とてもうれしいよ。それはおもてなしだとぼくは思うな。
健太：そうだね。きみはおもてなしが気に入った？
ジム：もちろん！

4 ①ユキは発言の最初に「私はすべての生徒が学校でクラブに所属することはよい考えだと思います」，発言の最後に「私は努力することがとても大切だと学びました」と言っていることから，**エ**「それは私たちに大切なことを教えてくれます」が適切。②タカシは空所の前で「ぼくたちはすばらしい経験をするかもしれない」，空所のあとで「好きな部がなければどうしますか」と言っていることから，部に所属することに対して反対の意見を述べているとわかる。**ウ**「でも，ぼくはすべての生徒が部に入るべきだとは思いません」を入れると前後の意味が通る。③メグミは空所の前の2文で「でも，私は自由な時間をあきらめなければならないことがよくあります。私は学校でバスケットボールを練習したあと，家で宿題をしなければなりません」と言っていることから，**オ**「だから私には趣味のための十分な時間がありません」が適切。④ タロウは空所の前に「ぼくはあまり時間がありませんが，テニスを練習し，宿題をし，自由な時間を持つことができます」と言っていることから，**イ**「ぼくたちは1つのことだけを選ぶ必要はありません」が適切。

全訳
テーマ すべての生徒は学校でクラブに所属すべきである。
ユキ：私は，すべての生徒が学校でクラブに所属することはよい考えだと思うわ。それは私たちに大切なことを教えてくれるわ。例えば，私はバレーボール部員なの。私のチームは強くなかったけど，私たちは毎日とても一生懸命練習したの。最終的に，先月試合に勝つことができたわ。私は努力することがとても大切だと学んだの。
タカシ：きみの考えはわかるよ，ユキ。ぼくたちはすばらしい経験をするかもしれない。でもぼくは，すべての生徒がクラブに入るべきだとは思わないな。もし自分の好きなクラブが1つもなかったら，きみはどうする？　例えば，ぼくはピアノを弾くのが好きなんだ。でもぼくたちの学校に音楽クラブがない。だからぼくは家の近くでピアノのレッスンを受け始めたんだ。
メグミ：タカシに賛成よ。自分が学校でクラブに入るかどうかを私たちが決めるべきだわ。私はバスケットボール部に所属していて，部活動が重要だということはわかっているわ。でも，私は自由な時間をあきらめないといけないことがよくあるの。学校でバスケットボールの練習をしたあと，私は家で宿題をしなければならないわ。だから私には趣味のための十分な時間がないの。
タロウ：その通りだね，メグミ。ぼくたちは学校でクラブに入ると，とても忙しくなる。でも，すべての生徒が学校でクラブに所属しても，何の問題もないと思うよ。例えば，ぼくは2年間ずっとテニス部員だ。あまり時間はないけど，テニスの練習をして，宿題をして，自由な時間を持つことができているよ。ぼくたちは，1つのことだけを選ぶ必要はないんだよ。

5 (1) ①「私はただ彼に自分の名前を(　)，そして彼を案内し始めました」という意味の文。「言った」を表すtoldが適切。②直前にI was gladとあるので，よい意味の語が入る。interestedが適切。③「旅行者とよい関係を築くことで，私たちは彼らの(　)をよりよくすることができます」という意味の文。stayが適切。この**stayは名詞で「滞在」という意味**。

(2) A直前に「彼はうれしそうに見えませんでした」とあるので，**エ**「私は何をすればよいかわかりませんでした」が適切。
B早紀の４番目の発言で，昼食時に早紀とマイクは日本の映画の話をしたとあるので，**ア**「日本の映画について話すことはおもしろそうですね」が適切。

全訳

トム：早紀，休暇はどうだった？
早紀：すばらしかったです！　外国人の学生を英語で案内するプログラムに参加しました。３人の学生が私たちの町に来ました。
トム：なるほど。彼らはどこから来たの？
早紀：ニュージーランドです。私はその学生たちの１人，マイクを案内しました。
トム：そうかい。どうだった？
早紀：午前中に問題がありました。私は自分の名前を伝えただけで彼を案内し始めました。彼にガイドブックからの情報を伝えました。しかしながら，彼はうれしそうに見えませんでした。私は何をすればいいかわかりませんでした。
トム：じゃあ，なぜ休暇がすばらしかったの？
早紀：昼食をとったとき，私たちは趣味や学校などについて話しました。そのあと，マイクが本を見せてくれました。それは日本映画についてのものでした。私も日本映画が大好きなんです！　私たちはニュージーランドで人気のある日本映画について話しました。
トム：いいね。日本映画について話すのはおもしろそうだね。きみは昼食時間にマイクとよい関係を作ったんだね。
早紀：はい。私はマイクとの昼食時間を本当に楽しみました。午後には，私たちは寺に行きました。私はまた彼を案内し始めました。マイクはうれしそうに見えて，寺について私に多くの質問をしてきました。私は彼の質問に答えました。マイクはほほえみました。彼が興味を持ってくれてうれしかったです。
トム：彼はきっと，きみと一緒にいる時間を楽しんだと思うよ。
早紀：ありがとうございます。私は人びととよい関係を作ることの大切さに気づきました。
トム：それはすばらしい。
早紀：旅行者とよい関係を作ることで，私たちは彼らの滞在をよりよくすることができます。
トム：その通りだね。

長文編
でる順 2位

内容正誤問題

入試問題で実力チェック！ ➡本冊P.33

1 ア
2 イ
3 ア
4 イ，オ

解説

1 **ア** 第２段落第11文に一致。**イ** 第２段落第４文に不一致。**ウ** 第２段落第１文に不一致。**エ** 第２段落第７～８文に不一致。弟と一緒に見る前に母と見ている。

全訳

やあ，元気かい？
先月，ぼくは母と一緒にテレビで古い映画を見たんだ。彼女はその古い映画はお気に入りだと言っていたよ。彼女は若い頃にそれを何度も見たんだって。それはSF映画で，映画の中で科学者がタイムマシンのような多くのものを作るんだ。タイムマシンがあれば，未来に行って何が起こるかを見ることができるよ。ぼくは本当にその映画が気に入ったよ。その夜，弟は早く寝ちゃったから，母は彼のために映画を録画したんだ。次の日，彼女は彼にも映画を見せたよ。彼は映画を見終わったあと，「ぼくも未来に行きたい！」と言っていたよ。ぼくたち兄弟は，母がその映画を好きなのと同じくらいそれが好きだな。それ以来，ぼくたちはそれを何度も見ているよ。もしぼくが未来に旅行したら，自分の人生がどうなるかを見ることができるだろうな。ぼくの将来について言えば，ぼくは医者になりたいな。ぼくの夢がかなうことを願っているよ。きみはどう？　きみの将来の夢は何？

2 **ア** 第２文参照。サナエは２年間コーラス部の一員である。**イ** 第６文の内容と一致する。**ウ** 第13文参照。サナエがナオキに歌うように頼んだ。**エ** 最後から４番目の文以降参照。ナオキがサナエに好きな歌について話した。

全訳

サナエは高校生だ。彼女は２年間，学校のコーラス部の一員である。彼女は歌を歌って楽しむ。コーラス部には13人の生徒がいる。彼女たちは聴衆のために上手に上演するため，ほとんど毎日，放課後にとても熱心に練習する。この前の土曜日，彼女たちはコンサートを開くため，小学校を訪れた。コンサートのあと，子どもたちのひとりがサナエに「ぼくはナオキです。ぼくはあなたたちの歌をとても楽しみました。ありがとう」と言った。彼女は彼に「私はそれを聞いてうれしいわ。あなたは歌を歌うのが好き？」と言った。彼は「はい」と言った。彼女は「あなたが一番好きな歌を歌ってくれないかしら？」と言った。彼は「いいですよ」と言った。そして彼は一番好きな歌を歌い始めた。彼が歌い終えたとき，彼女は「すばらしいわ。だれがその歌をあなたに教えたの？」と言った。彼は「おばあちゃんです。おばあちゃんに会うとき，ぼくたちはいつも一緒に歌を歌うんです」と言った。彼女は「なるほどね。あなたにはすてきなおばあちゃんがいるのね」と言った。

3 **ア** マユミは健康的でない食べ物の例としてあげ物を挙げ，より健康的で伝統的な沖縄料理を食べるべきだと述べているので，一致する。**イ** タケシの最後の発言に不一致。とても熱心に運動するべきだ，とは述べていない。**ウ** 健康的な食べ物をとるべきだと述べているのはタケシではなくマユミなので不一致。**エ** 玉城先生の最後の発言に不一致。

全訳

玉城先生：私たちは沖縄の体重過剰の人びとの問題について話す予定です。多くの人びとが体重過剰となっているため，彼らの多くが病気になっています。まず，この問題の理由について話しましょう。

タケシ：ぼくは，沖縄の人びとはあまり歩かないと思います。それが問題です。例えば，母はスーパーまで車で行きますが，それはぼくたちの家の近くにあります。

マユミ：その通りです。また，私は，沖縄の多くの人びとは健康的でない食べ物，例えば，あげた食べ物をたくさん食べると思います。あげ物がたくさん入った弁当には1,000キロカロリー以上あると聞きました。

玉城先生：あなたたち二人は重要な理由を挙げてくれました。それでは，私たちはそれについて何ができるでしょうか？

タケシ：ぼくたちはもっとひんぱんに歩くべきです。多くの親が子どもたちを学校まで車に乗せていきます。ぼくはそれをやめるべきだと思います。

マユミ：私は，レストランにはより健康的な食べ物があるべきだと思います。ご存じの通り，沖縄の伝統的な料理にはより多くの野菜や海そうが入っているので，とても健康的です。私は，レストランや家でそれらをもっとひんぱんに食べるべきだと思います。

玉城先生：よいことを言いましたね。沖縄の人びとはこの問題について真剣に考え始めています。私はよく，私の家の近くにある公園で歩いている人を見かけますし，多くの健康的な食べ物があるレストランもあります。学校ではどうでしょうか？　私たちの学校ができることは何かありますか？

マユミ：私は「食育」が重要だと思います。人びとが食べ物についてより多くのことを学べば，彼らは健康的でない食べ物を食べるのをやめるかもしれません。

タケシ：また，ぼくは体育の授業で，毎日できる簡単な運動についていくつか学びたいと思います。

玉城先生：すばらしいです。あなたたちのアイデアをありがとうございます！

4 **ア** 第１段落第１文に不一致。竜を選んだのは山田先生。**イ** 第２段落後半のヒロの言葉と一致。**ウ** 第３段落最後の竜の言葉に不一致。竜がひとりでポスターを作ると言った。**エ** 第４段落第１～３文に不一致。ひとりで作れたのは５枚のうち２枚だけ。**オ** 第７段落第６～８文に一致。**カ** 地域の人びとと一緒に花を育てる活動は，本文の時点ではまだ行われていない。

全訳

「竜，あなたがボランティアクラブの新しいリーダーですよ」と，ぼくたちのクラブの助言者である山田先生が会議でぼくに言いました。ぼくはそれを聞いて興奮しました。ぼくは大きな声で，「ぼくはリーダーとして最善を尽くします」と言いました。ぼくが見上げると，美しい空が見えました。ぼくは希望に満ちていました。

家に歩いて帰っている途中，ぼくはおじのヒロに会いました。彼は彼の地域のリーダーです。彼はそこに住んでいる人びとから尊敬されています。彼は「やあ，竜。どうした？」と言いました。「クラブのリーダーになったんだ！」とぼくは答えました。彼は「すばらしい！　ところで，夏祭りのボランティアを探しているんだ。祭りの手伝いをしてくれないか？」と言いました。「もちろん！」

次の日，ぼくは部員に夏祭りについて話しました。「ヒロがぼくたちに祭りにボランティアとして参加するように頼んだんだ。また，ぼくたちにポスターを５枚作って学校に掲示してほしいって」数人の部員がぼくに，「ぼくたちがポスターを作るよ」と言いました。ぼくは「ありがとう，でもぼくひとりでできると思う」と言いました。「本当に？」「うん，もちろん！　ぼくがリーダーだから，ぼくひとりでやらないと」

１週間後のクラブの会議で，山田先生はぼくに「竜，ポスターはできたの？」とたずねました。ぼくは小さな声で「まだです。２枚しかできていません」と答えました。彼女は「あら，まあ。みんな，竜を助けてあげて」と言いました。ほかの部員がポスターを作っている間，ぼくは彼らの顔を見ることができませんでした。気分が悪かったです。

数週間後，祭りが開催されました。部員たちはボランティア活動を楽しんでいました。しかし，ぼくはひとりでポスターを完成させることができなかったので，うれしくありませんでした。ぼくは「ぼくはよいリーダーではない」と思いました。花火が始まりましたが，ぼくは地面を見下ろしていました。

すると，ヒロが来て，「竜，何があったんだい？」とたずねました。ぼくは「リーダーとして，ぼくはポスターをすべてひとりで作ろうとしていたんだけど，できなかったんだ」と答えました。ヒロは「聞いて。リーダーはすべてのことを手伝いなしでやらなければならないと思うかい？　私はそうは思わない。私はここに住む人びとと一緒に働いているんだ。私たちは一緒に暮らし，一緒に働き，お互いに助け合っているんだ」と言いました。彼の言葉はぼくにエネルギーをくれました。「わかったよ，ヒロ。部員と一緒に働くよ」

次のクラブの会議で，ぼくは「ごめん。ぼくはリーダーがすべてのことを手伝いなしでやらなければならないと信じていたけど，それは間違いだった」と言いました。みんなが静かにぼくの話を聞いていました。「ぼくは一緒に働くことが大切だと学んだ。きみたち全員と一緒に働きたい」ぼくは続けて，「今日は新しい活動について話そう。きみたちは何がしたい？」と言いました。部員の１人が「駅に花を植えるのはどう？」と言いました。すると，みんなが話し始めました。「よさそうだね！」「地元の人たちに集まってもらうように頼みましょう」「彼らと一緒に働くのは楽しいだろうな」みんながほほえんでいました。ぼくが空を見ると，太陽が輝いていました。

長文編
でる順 3位
英語の問いに英語で答える問題

入試問題で実力チェック！　➡本冊P.37

1 3

2 （解答例）　(1) Because she heard Tom Cruise was in it and she liked him very much.

（解答例）　(2) It takes two hours and thirty minutes.

3 （解答例）　(1) Yes, she did.

（解答例）　(2) She joined the volleyball club.

4 （解答例）　(1) (He felt) (A little) Nervous.

（解答例）　(2) He told her about various things.

解説

1 第２段落第２文参照。第２段落第３～５文から，剣道の練習も一緒に楽しんでいることがわかるが，選択肢にないので，**3**「マンガについて話すこと」が適切。

全訳

マサトとトムは中学生です。彼らは１年前から友達で，トムは日本滞在中に日本語の上手な話し方を学んできました。

トムは日本の文化，特にマンガに興味があります。マサトもそれが好きで，彼らはよく物語について話して楽しんでいます。トムは剣道にも興味があります。彼はよくマサトと一緒にそれを練習します。彼らは一緒に楽しい時間を過ごしてきました。しかし，トムはこの７月に日本を離れてロンドンに帰る予定です。

2 (1) マイクが「トム・クルーズが出ている」と言ったのを聞いて映画を見たくなったことから考える。(2) 10時に始まって12時30分に終わると言っている。**two hours and a half [two and a half hours]**（２時間半）と答えてもよい。

全訳

マイク：ルーシー，今度の日曜は忙しい？
ルーシー：ええと，お母さんと買い物に行く予定だけど。どうして？
マイク：メアリーとジョンと映画を見に行くんだ。きみも一緒にと思って。
ルーシー：あら，そうなの。その映画について教えてくれる？
マイク：うん。わくわくする映画で，トム・クルーズが出ているんだよ。
ルーシー：トム・クルーズ！　私，彼が大好きなの。その映画を見たいわ。何時に始まるの？
マイク：午前10時だよ。
ルーシー：それで，何時に終わるの？
マイク：ええと，12時30分に終わるよ。
ルーシー：なるほど。それなら，買い物は午後に行けると思うわ。お母さんに聞いてみる。
マイク：それはよかった。メアリーもジョンもきみに会えるとうれしいだろうね。

3 (1) 第１段落１，２文目を参照。(2) 第３段落第５文目を参照。

全訳

私は高校生になったとき，たくさんの希望と夢がありました。私は勉強でよい成績をおさめ，たくさんの友達を作りたいと思っていました。また，私は何か新しいことを始めることに興味がありました。「私が今までにしたことがない何かに挑戦するのはどうだろう。高校は，それをするのによい場所だわ」と私は思いました。

最初の英語の授業の間，私の新しい英語の先生であるヨコタ先生が，英語を学ぶ方法について話してくださいました。先生は私たちにたくさんのよい方法を教えてくれましたが，「英語で日記をつけることはあなたたちの英語をよくするでしょう」とおっしゃったとき，私はそれが一番気に入りました。「これは私にとって新しいことで，私の英語に役立つわ。よい考えよ。私は今日，日記を始めるわ」と思いました。私は家に帰る途中，きれいな青いノートを買いました。その夜，私は「4月11日。私の最初の英語の授業。私は英語で日記をつけ始めた」と最初のページに書きました。
そのころ，私にはたくさんのわくわくすることがありました。新しい学校生活が始まりました。私は新しい友達を作りました。彼女の名前はアイリです。私たちは一緒にバレーボール部に入り，それは私にとってもう1つの新しいことでした。私はそれらの経験を覚えておくため，日記に書きました。4月は，書くのはうまくいきました。

4 (1) 第2段落第5文参照。(2) 第3段落第3文参照。

全訳

夏休み中，ぼくはボランティアとして働くために，4日間老人ホームを訪れました。

初日の午後，多くの入居者がお茶の時間を楽しんでいました。食堂の大きなテーブルに8人の入居者が座っていました。介護福祉士がぼくに，「健，ここに来て。みんなで話しましょう」と言いました。ぼくは少し緊張しました。しかしぼくはテーブルに行って8人の入居者に，「こんにちは，ぼくは健です。はじめまして」と言いました。そして，ぼくは礼子さんと呼ばれるおばあさんの隣に座りました。彼女はほほえんで，ぼくに「こんにちは。あなたはいくつ？　どこに住んでいるの？」と言いました。ぼくは「ええと，14歳です。この老人ホームの近くに住んでいます」と答えました。礼子さんが話しかけてくれたとき，ぼくはうれしかったです。それから，ぼくは彼女について何か質問したかったのですが，何をたずねるべきかわかりませんでした。それで，ぼくは何も質問せず，ぼくたちはだまっていました。ぼくは彼女に対して申し訳ない気持ちになりました。

2日目のお茶の時間，礼子さんはお茶を飲んでいました。ぼくは彼女を見たとき，彼女とたくさん話したいと思いました。それで，ぼくは彼女にさまざまなことについて話しました。しかし，彼女はただほほえんでぼくの話を聞いているだけでした。ぼくは，礼子さんがぼくと一緒にいる時間を楽しんでいないと思いました。

次の日の午後，ぼくは老人ホームの大広間を掃除するのを手伝いました。掃除をしていたとき，ぼくは入居者によって描かれた多くの絵を見つけました。ぼくは絵を描くのが好きだったので，絵を見るために掃除をするのをやめました。そのとき，すばらしい絵がぼくの目に入りました。ぼくはその下に礼子さんの名前を見つけました。ぼくは介護福祉士に「礼子さんによって描かれたこの絵はすばらしいですね」と言いました。彼は「そうだね。彼女はすべての入居者の中で一番上手に絵を描くことができるよ」と言いました。ぼくは礼子さんと共有できる話題が見つかってうれしかったです。

長文編 でる順 4位

下線部の内容を説明する問題

入試問題で実力チェック！

➡本冊P.41

1 **(例)地球上の大半の水は塩水だということ。**

2 **(例)(発表のあと)生徒たちから英語で質問があったが，彼らの英語をよく理解できず，何を言えばよいかわからなかったから。**

3 **ア**

4 **(例)山形県の伝統行事についてもっと知りたいから。**

5 **ア**

6 **(例)町を訪れている人の手助けがしたいから。**

7 **(例)ノブが，見た目がよくないトマトを採っていたこと。**

解説

1 直後の文に注目し，その内容をまとめる。

全訳

地球は「水の惑星」と呼ばれている。地球上には大量の水があるが，その大半を私たちは使うことができない。あなたはこのことの理由を知っているだろうか？　地球上の大半の水は塩水なのだ。

2 直前の2文に注目し，その内容をまとめる。

全訳

ライアン：あなたの発表はどうでしたか？
拓：生徒たちがそれをとても楽しんで，ぼくはそれを見てうれしかったです。発表のあと，何人かの生徒がぼくに英語で質問しました。しかし，ぼくは彼らの英語をよく理解できず，何を言えばよいかわかりませんでした。ぼくはもっと英語を熱心に勉強しなければならないと思いました。ぼくはもっとたくさんの単語や語句を覚えなければなりません。
ライアン：そうですね，単語や語句を覚えることは大切ですが，英語のよい話し手になるにはそれは十分ではないと思います。

3 下線部の直前の文参照。本文のcommunicate with other people better「ほかの人びととよりうまく意思疎通を図る」が，選択肢では**〈make＋O＋C〉「OをCにする」**を使ってmake communication more successful「意思疎通をよりうまくする」と書きかえられている。

全訳

11月の合唱コンテストを覚えていますか？　ぼくは本当にそのコンテストに勝ちたかったです。しかし，ぼくたちのグループにとってその曲を上手に歌うことはとても難しかったです。グループのメンバーの１人は，「ほかのグループはうまくやっているよ。私たちは何をすればいいかな？」と言いました。別のメンバーは，「もっと時間が必要だよ。朝早くにその曲を練習するのはどう？」と言いました。一部のメンバーは，「ぼくたちはその曲をもう十分に練習したよ。その曲を上手に歌う新しい方法を見つけないといけないよ」と言いました。それぞれのメンバーが異なる考えを持っていました。ぼくは，みんなが異なる考えを理解するのは難しいと感じました。

この状況を改善するためには，ぼくたちはどうするべきでしょうか？　言葉はぼくたち自身の気持ちを示してくれるので，ぼくは言葉が大切だと思います。ぼくたちは，自分たちが本当は何を思っているかや，どう感じているかを示すために言葉を使います。だから，ぼくたちは自分自身の言葉で考えを伝えるべきです。そして，ぼくたちはほかの人々の考えにも耳を傾けるようにするべきです。そうすることで，ぼくたちはほかの人びとが本当は何を言いたいのかを理解することができます。ぼくは，異なる考えに耳を傾けることが，ほかの人びととよりうまく意思疎通を図るための第一歩だと思います。これが状況を改善するのです。

4 ジャックの２番目の発言第２文をまとめる。「～したいから」という形で答える。

全訳

彩：ところで，ユネスコのウェブサイトで日本の伝統文化がいくつか見られるわよ。
ジャック：本当？　例えば？
彩：和食，和紙，それに日本で行われる多くの行事よ。山形県で人びとが楽しんでいるいくつかの行事も見つけたわ。
ジャック：すごい！　山形県の伝統的な行事についてもっと知りたいな。
彩：それなら図書館に行くといいわ。そこにはそれらについての本があるわよ。
ジャック：わかった。明日そこに行って本を読むよ。

5 理解できない日本語の単語があるときにする質問を選ぶ。**Can you ～?**は**「～してくれませんか」**と相手に依頼するときに使う。**ア**と**イ**のwhat以下は**間接疑問〈疑問詞＋主語＋動詞～〉**になっている。

全訳

彼は教室でぼくの隣に座っていました。彼は毎回すべての授業でとても一生懸命，日本語で勉強していました。ぼくは彼に「ときどき日本語で勉強するのは大変だと感じる？」とたずねました。彼はほほえんで，ぼくに「ううん，そんなことないよ。どの授業もおもしろいよ」と言いました。ぼくは彼がどれほど一生懸命勉強しているかを理解し，彼を尊敬しました。彼が理解できない日本語の単語があったとき，彼はいつもまわりの人に質問をしていました。また，彼はよく私たちと一緒に日本語を話すようにしていて，それで彼の日本語は上達しました。

6 最後の文のsoの前までをまとめる。理由を答えるので，「～から」という形にする。

全訳

次の日，ジョンと高志は歴史博物館に行きました。彼らはそこでたくさんのものを見ましたが，ジョンにとってそれらに関する情報を理解するのは難しいことでした。そのとき，１人の女性が彼らのほうへ来て，「この町の歴史をお話ししましょうか？」と言いました。「ああ，お願いします。どうもありがとうございます」とジョンは言いました。彼女は「私の名前は久美子です。一緒に来てください」と言いました。彼女はそこでボランティアとして働いていました。彼女は一生懸命英語で話そうとし，ジョンは彼女の話を注意深く聞きました。高志は彼女に「あなたは仕事を楽しんでいますか？」とたずねました。彼女は「はい。この町を訪れている人びとを助けたいので，私はここで働いています」と答えました。

7 下線部の次の１文をまとめる。関係代名詞which以下が後ろからtomatoesを修飾している。

全訳

次の日，子どもたちは野菜畑に行って，トマトを収穫しました。彼らは丸くて赤いトマトを収穫していました。彼らはとても興奮しているように見えました。そのとき，私はあることに気づきました。ノブはよさそうに見えないトマトを収穫していたのです。私はなぜなのか知りたくなりました。最終的に，私は彼に「なぜそのようなトマトを収穫しているの？」と話しかけました。彼は最初，私の声を聞いて驚いたように見えましたが，明るい声で「見て！　緑色，ハート型，大きい，小さい…」と言いました。彼はトマトを私に見せて，「みんな違っていて，それぞれのトマトがぼくにとって特別なんだ」と言いました。私は彼の話を熱心に聞きました。彼は笑顔で，「いつもぼくの話を聞いてくれるよね。ぼくはそれが好きだよ。あなたはぼくにとって特別だよ」と続けました。私は「本当？　ありがとう」と言いました。私はそれを聞いたとき，うれしい気持ちになりました。私たちはトマトを見て，そして互いにほほえみました。

長文編
でる順 4位

絵・図・表のある問題

入試問題で実力チェック！ ➡本冊P.45

1 (1) **(例)** How do you study English
(2) A **イ**　B **エ**　C **ア**　D **ウ**

2 **エ**

3 (1) **ウ**　(2) **イ**

4 **ア**

5 **ウ**

解説

1 (1) 第２段落第２文から，「あなたは家でどのように英語を勉強しますか」とたずねたとわかる。**「どのように」と手段や方法をたずねるときはHowで文を始める。** (2) 第２段落第２～３文から，Aが「英語の本を読むこと」，Bが「英語で何かを書くこと」とわかる。第２段落第４文から，Aの３分の１である８人が回答したCに「英語のCDを聞くこと」が入るとわかる。**〈～ times as＋原級＋as ...〉は「…の～倍―」**という意味。第２段落第５～６文から，残りのDに「英語で話すこと」を入れる。

全訳

私たちのALTが英語の授業で私たちに質問をしました。彼女は，「あなたたちは家でどのように英語を勉強していますか？」とたずねました。私は私たちの答えについて話すつもりです。

グラフを見てください。多くの生徒が，家で英語の本を読んだり，英語で何かを書いたりして英語を勉強しています。英語の本を読んでいる生徒の数が最も多いです。それは英語のCDを聞いている生徒の数の３倍です。私はよく家族と英語で話します。しかし，それをしている生徒はあまり多くありません。そのほかの方法をとっている生徒は２人だけです。

私たちのALTは，「聞くこと，読むこと，話すこと，書くこと，すべてが重要です。多くの方法で英語を勉強してください」と言いました。

2 最も長くピアノを練習したのは土曜日なので，**ア**は不適。金曜日はまったく練習していないので，**イ**も不適。月曜日と土曜日を比べると，土曜日の方が長く練習しているので，**ウ**も不適。火曜日と木曜日は同じ時間練習しているので，**エ**が適切。

3 (1) 時間割のsocial studies「社会科」の数を数える。(2) トモコの最初の発言で「明日は６時間授業で体育がある」と言っているので，今日は火曜日か木曜日。トモコの２番目の発言で「明日は理科の授業はない」と言っているので，明日は体育があり理科がない水曜日で，今日は火曜日とわかる。

全訳

トモコ：今週の時間割を見て，アレックス。明日は６時間授業があって，体育の授業があるわ。わくわくするわ！
アレックス：ぼくもだよ。ぼくたちはサッカーをするんだ！　さて，明日の理科の宿題は終わった？　とても難しくて，ぼくはよく理解できなかったよ。
トモコ：理科の宿題？　見て。明日は理科の授業はないわよ。
アレックス：本当？　ああ，そうだね。じゃあ，まず数学の宿題を終わらせないといけないな。一緒にやろうよ。

4 第６文から，1981年より1991年の方が数が大きい**ア**か**エ**にしぼられる。第７～８文から，2001年には数が減り，その後熱心な保護活動により数が増えたとあるので，**ア**が適切。

全訳

もう１つの理由は，山を訪れた人びとです。彼らは細菌がついたビニール袋やペットボトルを山に持ち込みました。その細菌のせいで，多くのライチョウが病気になって死んでしまったので，人びとはライチョウを守るために働き始めました。彼らは鳥のために柵を作り，山を掃除しましたが，鳥の数を増やすのは簡単ではありませんでした。ぼくがインターネットから得た数字を使って作った表を見てください。1991年には1981年よりも多くのライチョウが立山にいました。しかし，2001年には鳥を見つけるのがより困難になりました。そのあと，人びとが鳥を守るためにさらに一生懸命活動したため，鳥の数は増えました。

5 ５番目のソヨンの発言第３～５文を参照。台所からの暖かい空気が，床下の石がしきつめられたトンネルを通り，部屋の反対側にある煙突から外に出るという仕組みなので，それに該当するのは**ウ**。

全訳

恵美子：私の家へようこそ，ソヨン！　入って。
ソヨン：ありがとう。今日は外が本当に寒いわ。
恵美子：ここに座って，すぐに温かくなるわよ。
ソヨン：あら，このテーブルの下が温かいわね。これは何？
恵美子：このテーブルは日本の伝統的な暖房装置よ。私たちはこたつと呼んでいるの。冬には，私はふだんこたつで宿題をしたり，テレビを見たり，本を読んだり，ゲームをしたりするわ。韓国ではどう？　ソウルは今，寒いの？

ソヨン：ええ，日本と同じように四季があって，冬は富山よりも寒いのよ。私たちにはこたつはないけど，韓国ではオンドルを使うの。

恵美子：オンドル？　その言葉は聞いたことがないわ。それは何？

ソヨン：オンドルは床暖房装置よ。昔，人びとは床を温めるために，台所からの煙と熱を使っていたの。

恵美子：あなたのソウルの家にはそれがあるの？

ソヨン：いいえ，でも祖母の家にはあるわ。祖母が台所で火を使って食べ物を調理すると，そこの空気が熱で暖かくなるわ。オンドルは，床を温めるために台所から暖かい空気を取り入れるの。床の下には煙が通るトンネルを作るために，たくさんの石があるのよ。煙と熱はトンネルを通り抜けて，部屋の反対側のえんとつから外に出るの。

恵美子：それはおもしろいわね。

ソヨン：最近は，オンドルは水を加熱するために電気やガスを使用しているの。それが床の下を通るのよ。それが私の家にあるものよ。ああ，今，温かくなってきたわ。私はこたつが好き。

恵美子：私もよ。それに私の家族もそれが大好きなの。私たちは冬に，こたつのまわりで多くの時間を過ごすわ。ここでいろいろなことを一緒にするの。家族と一緒に時間を過ごすのはすてきなことよ。

ソヨン：いいわね。私もそう思うわ。

長文編 でる順 6位 要約文を完成させる問題

入試問題で実力チェック！ ➡本冊P.49

1 A play　B traditional

2 ① voice　② cut

解説

1 A アニマルカフェについて説明している美奈子の３番目の発言第２文にあるplayを入れる。この**play**は自動詞で**「遊ぶ」**という意味。B フレディーの６番目の発言にあるtraditional「伝統的な」を入れる。本文中のold「古い」も内容としては適切だが，空所の前がanではなくaなので不可。

全訳

美奈子：日本にはたくさんおもしろいカフェがあるわよ。

フレディー：本当に？　どんな種類のカフェがあるの？

美奈子：ネコカフェや鳥カフェ，犬カフェ，魚カフェのようなアニマルカフェがたくさんあるわ。

フレディー：ああ，日本にはとてもたくさんの種類のアニマルカフェがあるんだね。標準的なカフェではたいてい，食べたり飲んだりするね。アニマルカフェではどんなことをするの？

美奈子：アニマルカフェでは，食べたり飲んだり，それにお気に入りの動物と時間を過ごすこともできるのよ。人びとはそれらに触ったり，話しかけたり，遊んだりできるわ。また，そこで同じ動物が好きな人と出会うこともできるのよ。

フレディー：知らなかったな。

美奈子：人はみんなさまざまな種類のものが好きだから，ほかの人と自分の好きなものについて話せる場所があるのはみんなにとっていいことよね。

フレディー：ぼくはその考えが本当に好きだな。ほかに日本のおもしろいカフェを知ってる？

美奈子：インターネットカフェや古民家カフェがあるわよ。

フレディー：インターネットカフェはイングランドにもあるよ。でも古民家カフェって何？

美奈子：「古民家」は「古い個人の家」という意味なの。昔，人びとがそれらの家に住んでいたの。あとになって，それらの古い家はカフェに作りかえられたのよ。

フレディー：わあ，日本の伝統的な家にあるカフェなんだね。そこでは何ができるの？

美奈子：そこで日本の文化を体験することができるわ。畳に座ったり，日本茶を飲んだり，抹茶アイスクリームやぜんざい，ほかの日本の甘い菓子を食べたりできるのよ。昼食や夕食に日本の伝統的な食べ物を食べることもできるわ。古い日本の家をこのような新しいものに使うことは人気なの。

フレディー：ああ，ぼくは五箇山（ごかやま）で大きな三角の屋根がある古い日本の家を見たことがあるよ。あれらの古い家は何？

美奈子：それらは「合掌（がっしょう）造りの家」と呼ばれているわ。それらは世界遺産なのよ。そこに住む人たちが，それらを直したり，手入れしたりしているの。彼らは家族や家の歴史を守ることを望んでいるのよ。

フレディー：ぼくの国でも，古い家を保存しているよ。多くの人が100年ほど前に建てられた家に住んでいるよ。

美奈子：私は将来，イングランドのそれらの古い家を訪れたいわ。

フレディー：ぼくの家族を訪ねることもできるよ！

美奈子：ありがとう。

フレディー：ぼくは日本のカフェに興味がわいてきたよ。カフェの話をしているとおなかがすいてきたな。

美奈子：古民家カフェに行かない？　この近くにいいところがあるの。あなたにもっと日本のカフェについて知ってほしいわ。

要約文

ぼくの日本人の友達の美奈子が，日本の２種類のカフェについて教えてくれた。アニマルカフェでは，さまざまな種類の動物に触れたり，遊んだりできる。美奈子と一緒に初めて古民家カフェに行った。日本の伝統的な家で，畳に座って，日本茶を飲んで，日本の甘いお菓子を食べた。

2 ①「ぼくはあなたがぼくにチェロの音は木々の(　)のようだと言ったのを忘れられません」という文。第４段落最後から５番目の文の祖父の発言にIt's like a voice from the woods that encourages you. とある。②「ぼくたちが一緒に(　)カエデの木を使った新しいチェロを作り終えたら，教えてください」という文。第２段落第２文目に～, so I helped him cut it. とある。cutは過去形もcut。

全訳

みなさんはチェロの音を聞いたことがありますか？それは柔らかくて温かく，ぼくはその音が好きです。ぼくは11歳からチェロを弾いていて，今ではほとんど毎日練習しています。ぼくのおじいちゃんはチェロ職人で，チェロはいつもぼくにとって身近な存在です。彼は森の中の小さな家に住んでいます。

ある晴れた朝，ぼくはおじいちゃんを訪ねました。彼は新しいチェロを作るために家の近くの古いカエデの木を切っていたので，ぼくは彼がそれを切るのを手伝いました。仕事をしている間，ぼくは「この木は何歳なの，おじいちゃん？」とたずねました。彼は「100歳以上だよ，賢治」と答えました。「わあ，それはおじいちゃんとぼくが生まれる前からここにあったんだね！」とぼくは言いました。彼は，古い木ほどチェロの音をより深く柔らかくすることをぼくに教えてくれました。そして彼は，「さて，今日は一生懸命働いたな。家に戻ろう，コーヒーを入れてあげるよ！」と言いました。

ぼくたちがおじいちゃんの家で一緒にコーヒーを飲んでいる間，彼はチェロについてたくさんのことをぼくに話してくれました。彼は「私が作ったチェロはまだ使っているのかい？」とたずねました。ぼくが使っているチェロは，ぼくが演奏を始めたときにおじいちゃんから贈られたものです。「もちろん，使っているよ。おじいちゃんのチェロが好きなんだ。将来はチェロ奏者になりたいな」おじいちゃんは「それを聞いてうれしいよ。お前はチェロ奏者になったら，何をしたいんだい？」と言いました。ぼくはそのことを全く考えていなかったので，彼の質問に答えることができませんでした。ぼくはただ，「そうだな，ただ有名なチェロ奏者になりたいだけだよ」と言いました。彼はしばらく考えて，「ついて来なさい，賢治」と言いました。

おじいちゃんはぼくを隣の部屋に連れて行きました。そこには多くのチェロが壁にかかっていて，部屋中に木の香りが漂っていました。ぼくは「おじいちゃんはチェロを何本作ったの？」とたずねました。彼は「何百本も作ったよ。お前のチェロは，お前が生まれたときに作ったもので，私のお気に入りだよ」と言いました。ぼくは「どうしてチェロ職人になろうと思ったの？」とたずねました。すると彼は，「実はかつて，私もお前のようにチェロ奏者になりたかったんだよ，賢治。でもお前と同じ年のとき，腕にけがをしてしまって，チェロを弾き続けるのが難しくなったんだ。もう一度上手に弾くことができたらなあ」と答えました。彼はこれまで一度もそのことを話してくれなかったので，ぼくは驚きました。ぼくは彼が15歳で夢を失ったときにどう感じたか，想像することができました。ぼくは「それで，おじいちゃんはチェロ職人になることにしたんだね？」と言いました。彼は「そうだよ。私はまだチェロが好きだったから，何かチェロに関係することがしたかったんだ。まあ，人生の早い時期に本当に好きなことが見つかったから，私は幸運だったよ」と言いました。彼は続けて，「すべてのチェロを見てごらん，賢治。どのチェロも古いカエデの木でできているんだ。その木々はずっと前に切り倒されたけれど，チェロとして永遠に生き続けることができるんだ」と言いました。ぼくは「そんなふうに考えたことはなかったな。でもチェロの音を聞くと，不安なときでも本当にリラックスできるんだ」と言いました。彼はほほえんで，「それはお前を励ます木々からの声のようなものだよ。私はカエデの木の最も美しい声を表現できるチェロを作りたいんだ，賢治」と言いました。おじいちゃんがそう言ったとき，彼は優しく温かい顔をしていました。ぼくはもう一度，彼が作ったチェロを見回しました。ぼくは彼がたくさんのチェロを作り，今も夢を持ち続けていることに感動しました。

今では，ぼくは違ったやり方でチェロを弾いています。以前はただ有名なチェロ奏者になるために弾くだけでしたが，今は人びとに木々の声を届けるためにチェロを弾こうとしています。いつか，おじいちゃんが作ったチェロでそれを表現したいと思っています。

要約文

先週は一緒に時間を過ごして，たくさん話してくれてありがとう，おじいちゃん。おじいちゃんがチェロ職人になったあとでもなお夢を持ち続けているところを尊敬しているよ。チェロの音が木々の声のようなものだと言ってくれたことが忘れられないんだ。今，ぼくは，自分のチェロを聞いてくれる人にそれを表現して届けたいと思っているよ。ぼくたちが一緒に切ったカエデの木で新しいチェロを作り終えたら教えてね！　またね，おじいちゃん。

長文編
でる順 7 位

文を並べかえる問題

入試問題で実力チェック！　➡本冊P.53

1 ⑤

2 ③

3 エ

4 エ→ア→ウ→イ

5 3→2→1

解説

1 まず冒頭のWhy ～?に対する答えであるBecauseの文Cを選ぶ。次に問題点を提示する文A。そして彼らの言い分Bを次に持ってくる。

全訳
なぜ毎朝朝食をとることはとても大切なのだろうか？なぜなら，もし朝食をとれば私たちはより一生懸命勉強できるからだ。しかし，中には朝食をとらない生徒もいる。その時間がないと言うのだ。また，早く起きられないとも言う。もしあなたにそんなことを言う友人がいたら，どうか彼らに言ってほしい。「私たちは毎日早起きして朝食をとるべきだ」と。

2 空所の次の文にあるWe enjoyed eating itのitが指すのは，Cのsome food。よってCが最後になる。Aのhimは，BのMy brotherを指しているので，B→A→Cの順になる。

全訳
3か月前，私は家族とハワイへ行きました。私の家族はみなハワイの文化に興味を持っていました。私の兄[弟]がハワイに住んでいるので，彼に会いに行ったのです。私たちは彼からハワイについてたくさんのことを学びました。たとえば，私たちは彼からハワイ料理の作り方を学び，一緒にいくつかの料理を作りました。私たちはそれを食べるのをたいへん楽しみました。私は来年またハワイを訪れたいです。

3 **出来事の流れに注意する。**②は1週間前の火曜のことなので最初にくる。ほかは誕生日会当日の出来事。時系列に並べる。④はジャックの家に迎えに行き，友達の家に立ち寄らなければならないことをジャックに伝えている。①はその家の中に入る前の場面。③は，家の中に入ってからの様子を述べているので，④→①→③の順になる。

全訳
1か月前，私の友達と私は，友人であるジャックのためにびっくり誕生日会を開いた。私はジャックに会のことを告げずに，彼を火曜の晩6時に会に連れて行かなければならなかった。そこで，会の1週間前，私はジャックに「火曜の夜に映画に行くのはどう？」と言った。彼は「いいよ」と答えた。火曜の晩，私は自転車でジャックの家へ行った。私は彼に，途中でいくつかのものを取りに友達の家へ立ち寄らなければならないと告げた。最初は，ジャックは家の前で待ちたがっていたが，私は彼に，家に入って友達に会うよう言った。彼が家に入ると，彼の誕生日会をするために友達が待っていたので，彼は驚いた。会は素晴らしかった。

4 空所の前の文に「借りてきた本をかばんから取り出した」とあるので，最初に**エ**を選ぶ。次に，「最初の数ページ」とある**ア**を続ける。空所の次の文は，**イ**の「目をひいたある部分」の具体的な内容と考えられるので，**ウ→イ**の順で続ける。

全訳
家に帰ったあとで，留実は借りた本をかばんから取り出しました。そして，彼女はそれを開いて読み始めました。それは最初の数ページから難しそうに見えました。しかし，読み続けるうちに，彼女はそれがおもしろいということがわかりました。本の半分を読んだとき，ある部分が彼女の目をひきました。そこには「あなたの花が開かないなら，大きな花が開くまで根を育てるようにしなさい」と書いてありました。そのとき，彼女はその言葉が何を意味しているのか理解できませんでした。

5 ほうれん草の旬は冬であり，そのため，冬にほうれん草のビタミンCの量が増えるという流れが適切なので，3→2の順にする。空所の次の文の主語itは1の英文中にあるthe amount of vitamin C in other vegetablesを指すと考えると意味が通るので，3→2→1の順が適切。

全訳
野菜にはビタミンが含まれ，それらは私たちの健康によいものです。野菜に含まれるビタミンCの量に関する，おもしろい情報をお話ししましょう。
ほうれん草を例に挙げてみましょう。このグラフを見てください。私は2つのおもしろいことに気がつきました。

まず，冬のほうれん草には夏のほうれん草よりもビタミンCが多く含まれています。もちろん，今ではどの季節にもほうれん草を食べることができますが，それは本来，冬の野菜です。このため，ビタミンCの量は旬の冬に増加します。ほかの野菜のビタミンCの量についてはどう思いますか？　ほうれん草のように，それも旬に増加します。

次に，生のほうれん草にはゆでたほうれん草よりもビタミンCが多く含まれています。生の冬のほうれん草100gには60mgのビタミンCが含まれています。しかし，それをゆでると，ビタミンCの半分が失われます。

そのため，ほうれん草から多くのビタミンCを摂取したいなら，生の冬のほうれん草を食べることが最もよいです。しかし，私たちにとって生のほうれん草を食べることは難しいです。生の夏のほうれん草と比較すると，ゆでた冬のほうれん草の方がより多くのビタミンCを含んでいます。したがって，ゆでた冬のほうれん草を食べるのが私たちにとってよりよい選択です。

今では，私は野菜を旬に食べることが多くのビタミンを摂取するよい方法だとわかっています。私は料理をするとき，旬の野菜を使いたいと思います。これが，健康を保つための私の考えです。もちろん，ほかにもいくつか考えはあります。みなさんはふだん健康を保つために，健康によいものを食べることのほかに何かしていますか？

英作文編 でる順 1位

テーマや質問に答える問題

入試問題で実力チェック！ ➡本冊P.57

1 (1) **(解答例)**　We should study English hard every day. **(7語)**

(2) **(解答例)**　Because we can talk with many foreign people. **(8語)**

2 **(解答例１)**　Summer (is better, because) you can go swimming in the beautiful sea(.) **(8語)**

(解答例２)　Winter (is better, because) you can enjoy many kinds of winter sports(.) **(8語)**

3 **(解答例１)**　(I would choose) A(.)
If I could meet Dazai Osamu, I would ask many questions about my favorite book “Run, Melos!” Then I would like to ask him to take pictures together. **(28語)**

(解答例２)　(I would choose) B(.)
I wish I could see the world without war. I want to know how people in the future stopped wars. Then I want to talk about it with my friends to make a better world. **(35語)**

4 **(解答例)**　I feel mottainai when I see my old clothes which are too small for me. I can give them to others. **(21語)**

解説

1 (1) 解答例では，下級生への助言としてshould「～すべきである」を用いている。ほかにIt is important to ～. を用いて「～することは大切である」としてもよい。(2) **理由を述べるときはbecause「なぜなら～だから」**などを用いるとよい。

2 日本で夏または冬に楽しめることや，おすすめの場所について書くとよい。

3 「歴史上の有名な人物に会う」と「未来へ旅する」の２つの願いのうち，どちらを選ぶか，また，なぜそれを選んだかをまとめる。**〈I**

wish I could＋動詞の原形～.〉「～できたらなあ」や〈If I could＋動詞の原形～, I would＋動詞の原形....〉「もし～できたら，…だろうに」などと仮定法を使うとよい。

全訳

マイケル先生：【Ａ】と【Ｂ】は２つの願いです。もし１つ願いがかなうとしたら，あなたはどちらを選びますか？　また，なぜそれを選ぶのですか？　それについて書いてください。

【Ａ】歴史上の有名な人物に会う
【Ｂ】未来へ旅する

［解答例１］
私はＡを選びます。もし太宰治に会えたら，私のお気に入りの本「走れメロス」についてたくさん質問をするのに。それから，彼に一緒に写真を撮ってくれるように頼みます。

［解答例２］
私はＢを選びます。戦争のない世界を見ることができたらいいのにと思います。私は未来の人々がどのように戦争を止めたか知りたいです。それから，私はよりよい世界を作るためにそれについて友達と話したいです。

4 「もったいない」と感じるのはどんなときか，また，それについて何をすることができるのかをまとめる。

全訳

今日は，私の大好きな日本語の言葉について話したいと思います。それは「もったいない」です。私は，ホストファーザーと一緒に料理をしていたときにこの言葉を学びました。このような英語の言葉はありませんが，私はこの言葉は重要だと思います。例えば，コンビニエンスストアやスーパーマーケット，レストランでは，毎日たくさんの食べ物が捨てられます。また，私たちはよく食べ物をたくさん買いすぎます。食べ物を無駄にすることは本当に「もったいない」ことであり，それは今，世界中で大きな問題となっています。しかし，私たちの日常生活には，ほかにも「もったいない」問題があります。あなたはいつ「もったいない」と感じますか，そして，その問題に関して，あなたには何ができますか？

［解答例］
私は，私には小さすぎる自分の古い服を見たときに，もったいないと感じます。私はそれらをほかの人にあげることができます。

英作文編　でる順 **2** 位

対話文補充型問題

入試問題で実力チェック！ ➡本冊P.61

1 **（解答例１）** Why were you late for school **（６語）**
（解答例２） Why did you come to school late **（７語）**

2 **（解答例）** (1) May I help you **（４語）**
(2) I want a cheaper one. Could you show me another one? **（11語）**

3 (1) **（解答例１）** it's going to be sunny next week. **（７語）**
（解答例２） my father bought me a new bike. **（７語）**
（解答例３） we can save money if we go by bike. **（９語）**
(2) **（解答例１）** we can enjoy talking on the train. **（７語）**
（解答例２） we can[will] get to the sea earlier. **（７語）**
（解答例３） we can rest on the train when we go back home. **（11語）**

4 (1) **（解答例１）** What time will the concert
（解答例２） When is it going to
(2) **（解答例）** teach you how to play the guitar

5 ① jobs they are going to **（５語）**
② send it to **（３語）**
③ you want to do **（４語）**

解説

1 Ａが「なぜなら，今朝遅く起きたから」と答えているので，Ｂは理由をたずねたと考える。**理由をたずねるときは，疑問詞Whyで文を始める。**

全訳

教室で

Ａ：おはようございます，ブラウン先生。
Ｂ：おはよう，アキラ。なぜ学校に遅れたんだい？
Ａ：なぜなら，今朝遅く起きたからです。

2 (1) 店員が来店した客に対して言う第一声。日本語で言う「いらっしゃいませ」にあたる。
(2) 最初に店員が3,000円のTシャツを勧め，宏志の発言のあとに別の1,000円のTシャツを持ってきたので，「もっと安いのを見せてほしい」というようなことを言ったと考える。

全訳

店員：こんにちは。
宏志：こんにちは。
店員：何かお伺いしましょうか？
宏志：はい，お願いします。Ｔシャツをさがしているのですが。
店員：何色をおさがしですか？
宏志：暗い色のものが欲しいです。
店員：この緑色のものはいかがですか？
宏志：ああ，これはかっこいいですね。そして，これはぼくのサイズです。おいくらですか？
店員：3,000円です。
宏志：もっと安いものが欲しいのですが。ほかのものを見せていただけますか？
店員：かしこまりました。同じサイズのこの黒いものはいかがですか？　たった1,000円ですよ。
宏志：それはすばらしい。それをいただきます。

3 (1) マークが海へ「自転車で」行こうと言っている理由を書く。(2) 正太は電車を使うほうがいいと言っている。「電車を使えば～」に続く部分が空所なので，自転車ではなく電車で行くことの利点を書く。

全訳

正太：やあ，マーク。来週，海に行こうよ。
マーク：いいよ。[解答例１]来週は晴れるから，自転車でそこへ行こうよ。
正太：気持ちはわかるけど，電車を使うほうがいいよ。もし電車を使えば，[解答例１]車内で話して楽しめるよ。
マーク：わかった。

4 (1) 次に春希が「午後２時に」と時刻を答えているので，コンサートが何時に始まるかをたずねる文にする。**「何時に」**は**What time**，**「いつ」**は**When**で文を始める。
(2) スミス先生はちらしの最後の文の意味をたずねている。空所の前にAfter the concert, the guest willとあり，主語がthe guest「ゲスト」となっている点に注目。ちらしの日本文を「コンサート終了後，ゲストがあなたにギターの弾き方を教えるでしょう」と読みかえるとよい。**「～する方法」**は**〈how to＋動詞の原形〉**で表す。

全訳

春希：ぼくたちの学校の吹奏楽部は次の日曜日にコンサートをします。それを知っていましたか？
スミス先生：いいえ，知らなかったわ。おもしろそうね。[解答例１]コンサートは何時に始まるの？
春希：午後２時です。このちらしをさしあげます。
スミス先生：ありがとう。行けると思うわ。
春希：よかった！　部員はそれを聞いて喜びますよ。
スミス先生：このちらしの，最後の文はどういう意味かしら？
春希：ああ，そうだった。コンサートのあと，ゲストが[解答例]ギターの弾き方を教えてくれますよ。
スミス先生：ありがとう。やってみたいわ。
春希：先生がコンサートを楽しんでくださるといいなと思います。

5 ①使用すべき語にgoingがあるので，**未来を表す表現be going to**を用いると考える。「彼らが(これから)するつもりの仕事」とjobsを後ろから説明する形になるように，(the) jobs they are going to (do)とすると意味が通る。②「インターンシップ(職場体験)参加者募集」の掲示の「3.申し込み方法」の「その申込用紙に記入して，事業所に送ってください」を英文で表せばよい。③あとに続く発言で，それぞれの夢とインターンシップで働きたい場所を答えているので，「あなたはどこでインターンシップをしたいのですか」という文にすると意味が通る。**do the internship**で**「インターンシップをする」**。

全訳

キャシー：こんにちは，拓哉。何を見ているの？
拓哉：インターンシップについての掲示を見ているんだよ。
キャシー：インターンシップ？　それは何？
拓哉：えーっと，インターンシップを通して，学生は多くの仕事を体験することができるんだ。彼らは彼らがするつもりの仕事について，いくつか考えを得ることができるんだ。
キャシー：それはよさそうね。インターンシップは夏休みの間に実施される予定なの？
拓哉：うん。７月25日から８月５日まで実施される予定だよ。
キャシー：あなたはインターンシップをするつもりなの？
拓哉：もちろん。ぼくはそのことをぼくの担任の先生に伝えて，申込用紙をもらうつもりなんだ。

それから，その申込用紙に記入して，事業所に送るつもりだよ。
キャシー：それはすばらしいわね。あなたがよい体験をすることを祈っているわ。
拓哉：きっとするよ。
キャシー：あなたはどこでインターンシップをしたいの？
拓哉：病院だよ。ぼくの夢は医者になることなんだ。きみは？
キャシー：私は幼稚園で働きたいの。私はよく，ホストファミリーの小さい女の子の世話をしているの。彼女は4歳でとてもかわいいの！
拓哉：わあ！　すばらしいね。

英作文編 でる順 3位

絵・図・表のある問題

入試問題で実力チェック！ ➡本冊P.65

1 (1) **(解答例)**　been studying
(2) **(解答例)**　I want to tell foreign tourists many things about Japan

2 **(解答例１)**
(1) must not eat or drink there **(６語)**
(2) are thirsty in the building **(５語)**
(解答例２)
(1) do not eat or drink in the building **(８語)**
(2) feel hungry and thirsty there **(５語)**

3 **(解答例１：**the automatic door**)**
We don't have to use our hands to open it. **(10語)**
(解答例２：the elevator**)**
We can go to other floors fast with many people. **(10語)**
(解答例３：the shopping cart**)**
We can carry many things easily even though they're heavy. **(10語)**

4 (1) **(解答例１)**　They took me to many places **(６語)**
(解答例２)　I visited many places with them **(６語)**
(2) **(解答例１)**　The sunset I saw there was beautiful **(７語)**
(解答例２)　I saw the beautiful sunset there **(６語)**
(3) **(解答例１)**　I will talk a lot with our ALT **(８語)**
(解答例２)　I want to watch many movies in English **(８語)**

解説

1 (1) 空所のあとのitはEnglishを指すので，「ぼくはそれを10年間勉強しています」という文だと考える。I'veはI haveの短縮形で，空所には２語入れるので，**現在完了進行形have[has] been ～ing**で表す。(2) イラストから，「外国人観光客に日本についていろいろなことを伝えたい」という内容の文にすればよい。

全訳
クロエ：あなたの英語はとても上手ね，修！
修：ありがとう，クロエ。ぼくは10年間それを[解答例]勉強しているんだ。
クロエ：わあ！　それは長い時間ね！　なぜあなたは英語を勉強しているの？
修：将来，[解答例]ぼくは外国人観光客に日本に関する多くのことを伝えたいんだ。
クロエ：すばらしいわね！　そうできるといいわね。彼らはあなたから日本に関する多くのことを学んで喜ぶでしょうね。

2 (1)「飲食禁止」というピクトグラムについてeatを用いた文にする。「～してはいけません」はmust notなどと表すとよい。(2)「～のときは外に出るべきです」という文なので，「空腹のときやのどのかわいたとき」のような内容を含む文にすればよい。

全訳
このピクトグラムを見てください。それは図書館のいたるところで見られます。ですから，[解答例１]そこで食べたり飲んだりしてはいけません。[解答例１]建物の中で，のどのかわいたときは，屋外へ行くべきです。いいですか？

3 自動ドア，エレベーター，ショッピングカートの中で，説明しやすいものを１つ選ぶ。それを使って何ができるか，どういうときに便利なのかを考えるとよい。

全訳
メアリー：このショッピングセンターでは，たくさんのものが便利だと思うわ。

あなた：そうだね。あれを見て。自動ドアは便利だと思う。[解答例１]それを開けるのに手を使う必要がないよ。
メアリー：私もそう思うわ。もっと見つけましょう。
[解答例２](エレベーターは便利だと思う。)たくさんの人と一緒にほかの階へ速く行くことができる。
[解答例３](ショッピングカートは便利だと思う。)たとえ重いものでも，たくさんのものを簡単に運ぶことができる。

4 (1) メモの「いろいろな場所に連れていってくれた」を１文で書く。**「〜を…に連れていく」**は**take 〜 to ...** で表す。(2) メモの「そこで見た夕日は美しかった」を１文で書く。(3) 自分の英語を向上させるために，「何をするつもりか」や「何をしたいか」についてまとめるとよい。

全訳

私の，冬休み中のオーストラリアでのホームステイについて話します。

１つめに，私のホストファミリーはみんな私にとても親切でした。[解答例１]彼らは私をたくさんの場所に連れて行ってくれました。例えば，私たちは一緒に買い物に行って，私は日本の家族のためにいくつかプレゼントを買いました。

２つめに，私はオーストラリアのすばらしい自然を楽しみました。私はウルルへ行きました。[解答例１]私がそこで見た夕日は美しかったです。私は一言も話せませんでした。

私はオーストラリアでたくさんのすばらしい経験をしました。私はほかの外国にも行きたいです。それで，自分の英語を上達させるために，[解答例１]ALTとたくさん話します。ご清聴ありがとうございました。

和文英訳問題

入試問題で実力チェック！ ➡本冊P.69

1 (解答例) make something else for
2 (解答例) Why don't you read
3 (解答例) It is important for us today.
4 (解答例)
(1) What are you talking about?
(2) The player I want to meet lives there.

解説

1 「(人)に(物)を作る」は**〈make＋物＋for＋人〉**を用いる。「ほかの何か」はsomething elseで表す。

全訳

キミー：色紙に彼へのメッセージを書きましょう。彼は私たちのメッセージを読んで喜ぶと思うわ。
アヤコ：よさそうね。それは人気のあるプレゼントだし，作るのが簡単だわ。彼にほかの何かを作るべきかしら？
ナオト：彼に色紙と，もう１つのものをあげるべきだけど，ぼくは今すぐには何もよい考えが思いつかないな。

2 **「〜してはどうですか」**は，ここでは４語以上と指定があるので，**Why don't you 〜?**を用いる。

全訳

アイダさん：ここには子どもたちがたくさんいて，いい経験がたくさんできるわよ。ここの子どもたちの何人かはとても小さいから，気をつけないといけないわよ。
ジョセフ：わかりました。気をつけます。
アイダさん：すばらしい！　さて，ここに英語で書かれた日本の人気のある物語がいくつかあるわ。でも私たちはそれらを子どもたちに読んであげたことが一度もないの。これらの英語の絵本を読むのはどう？
ジョセフ：ああ，なるほど。彼らが英語で物語を聞くのを気に入ってくれるといいですね。

3 「〜に欠かせない」は「それは私たちにとって大切だ」のように考えるとよい。

全訳

ルーシー：インターネットを使って，ほしかったものを買ったの！　インターネットはとても役に立つわね。
直人：ぼくもそう思うよ。今のぼく(たち)に欠かせないね。

4 (1) 「〜について話す」はtalk about 〜。(2) まず，文の骨組みとなる「選手がそこに住んでいます」The player lives there. を作り，「私が会いたい選手」は**〈名詞＋主語＋動詞〜〉**の形で表すとよい。

全訳

ジョーンズ先生：やあ，友紀。やあ，武史。元気かい？
武史：元気です，ありがとうございます。先生はどうですか？

ジョーンズ先生：ぼくも元気だよ。きみたちは何について話しているんだい？
友紀：留学することについてです。私は来年，留学する予定です。
（中略）
友紀：私はアメリカで新しい友達も作りたいです。武史，あなたは留学したいと思う？
武史：うん。ぼくは将来，オーストラリアに行きたいな。
友紀：どうして？
武史：そこでテニスについてたくさん学べるからだよ。たくさんの若い人がそれを学ぶためにそこへ行くんだ。ぼくの夢はテニスの世界チャンピオンになることなんだ。それに，理由はもう１つあるよ。ぼくが会いたい選手が，そこに住んでいるんだ。彼のようになれたらいいな。ぼくはそこで英語の技能も向上させたいな。
ジョーンズ先生：大きな夢があるんだね！　留学することはきみたちに多くのことを学ぶ機会をくれると思うよ。
武史：ぼくもそう思います。どうもありがとうございます，ジョーンズ先生。

リスニング編 でる順 1位

対話文問題

入試問題で実力チェック！

→本冊P.72

1 (1) **イ**　(2) **エ**
2 (1) **ウ**　(2) **ア**　(3) **イ**
3 (1) **イ**　(2) **イ**　(3) **ア**
4 (1) **ウ**　(2) **ア**
5 (1) **イ**　(2) **ウ**　(3) **エ**
6 (1) **ウ**　(2) **イ**　(3) **ウ**

解説

1 (1) 週末に何をするかについて話している。
(2) 11時15分に始まり，10分ぐらいの長さだと言っているので，終わる時間は11時25分頃。

放送文と日本語訳

(1) **Alex**：Are you going to do anything this weekend?
Maya：Maybe I'll just watch movies at home. How about you?
Alex：If it is sunny on Sunday, my brother and I will go to see a baseball game.
Maya：That's nice.
アレックス：きみは今週末，何かする予定なの？
マヤ：たぶん家で映画を見るだけね。あなたは？
アレックス：もし日曜日が晴れなら，兄[弟]とぼくは野球の試合を見に行くつもりだよ。
マヤ：それはいいわね。
(2) **Mr. Brown**：Hi, Emi. I heard your dance will start at 11:00.
Emi：No, actually the first dance group starts at 11:00. Our dance starts at 11:15.
Mr. Brown：OK. How long will it be?
Emi：It will be about 10 minutes.
ブラウン先生：やあ，エミ。きみのダンスは11時に始まると聞いたよ。
エミ：いいえ，実際は最初のダンスグループが11時に始めるんです。私たちのダンスは11時15分に始まります。
ブラウン先生：わかった。どれくらいの長さになるの？
エミ：10分くらいになります。

2 (1) ペンをHere you are.と手渡されたのを受けて，お礼を言っている**ウ**が適切。(2)「それは何になる予定か」を受けて，「コンビニエンスストア」と答えている**ア**が適切。(3) おもちゃで遊んでいるネコの写真を見て「とても小さくてかわいい」と言われたことを受けているので，**イ**が適切。

放送文と日本語訳

(1) 女性：Have a nice weekend.
　男性：You, too. See you next week.
　女性：Oh, you forgot your pen. Here you are.
　男性：〈チャイム〉
女性：よい週末を。
男性：きみもね。来週また会おう。
女性：あら，ペンを忘れているわよ。はい，どうぞ。

(2) 女性：Look. They are building something new here.
　男性：Yes, I know.
　女性：What is it going to be?
　男性：〈チャイム〉
女性：見て。ここに何か新しいものを建てているわ。
男性：ああ，知ってるよ。
女性：それは何になるのかしら？

(3) 女性：What are you looking at?
　男性：A picture of my cat. She was playing with some toys.
　女性：Oh, she's so small and cute.
　男性：〈チャイム〉
女性：何を見ているの？
男性：ぼくのネコの写真だよ。彼女はおもちゃで遊んでいたんだ。
女性：まあ，とても小さくてかわいいわ。

3 (1) リチャードはOh, I've found it! I actually put it in the green bag.と言っている。(2) トムが買うのは，母親へのプレゼントのカップと，雑誌。(3) ロバートがIt's Friday today.と言っているので，「木曜日」は「昨日」。It was rainy yesterdayより，**ア**が適切。

放送文と日本語訳

(1) A：Mom, do you know where my wallet is? I think I put it in the blue bag this morning, but I can't find it in the bag.
　B：I saw it on the table last night, Richard.
　A：I can't find it on or under the table.
　B：Why don't you check other bags?
　A：OK. Oh, I've found it! I actually put it in the green bag.
質問します。Where did Richard find his wallet?
A：お母さん，ぼくの財布がどこにあるか知ってる？今朝青いかばんに入れたと思うんだけど，かばんの中に見当たらないんだ。
B：昨夜テーブルの上にあるのを見たわよ，リチャード。
A：テーブルの上にも下にも見当たらないよ。
B：ほかのかばんを見てみたらどう？
A：わかった。あっ，見つけた！ 実際は緑色のかばんに入れていたんだ。
質問：リチャードはどこで彼の財布を見つけましたか。

(2) A：Hello, Jane. Will you go shopping with me tomorrow?
　B：OK, Tom. What are you going to buy?
　A：I'm going to buy a cup as a present for my mother. She drinks coffee every morning.
　B：Sounds good. After that, can I go to a bookstore to buy a comic book?
　A：Sure. Then I will buy a magazine there.
質問します。What is Tom going to buy tomorrow?
A：こんにちは，ジェーン。明日ぼくと買い物に行かない？
B：いいわよ，トム。何を買うつもりなの？
A：母へのプレゼントにカップを買うつもりだよ。彼女は毎朝コーヒーを飲むんだ。
B：いいわね。そのあと，漫画を買いに書店へ行ってもいい？
A：もちろん。じゃあ，ぼくはそこで雑誌を買おう。
質問：トムは明日，何を買うつもりですか。

(3) A：Hi, Susan. It's Friday today. I'm so happy.
　B：Me too, Robert. What are you going to do this weekend?
　A：I'm going to go skiing with my family tomorrow.
　B：Sounds great. It was rainy yesterday, and it's snowy today. How will the weather be tomorrow?
　A：It will be cloudy in the morning and sunny in the afternoon tomorrow.
質問します。How was the weather this Thursday?
A：やあ，スーザン。今日は金曜日だね。ぼくはとてもうれしいな。
B：私もよ，ロバート。今週末は何をするつもりなの？
A：明日，家族と一緒にスキーに行く予定なんだ。
B：すばらしそうね。昨日は雨で，今日は雪だわ。明日の天気はどうなの？
A：明日の午前中はくもりで，午後は晴れるよ。
質問：今週の木曜日の天気はどうでしたか。

4 (1)「いつそれらを買ったか覚えていますか」を受けて，「確かではないが，１週間ほど前に買った」と答えている**ウ**が適切。(2) 鍵を電車に置き忘れたジュディに対し，リカが「あなたの鍵について，駅員に伝える」と言ったことを受けて，お礼を述べたあとに「すぐに取り戻せるといいな」と言っている**ア**が適切。

放送文と日本語訳

(1) A：Thank you for calling us. What can I do for you?
　B：I bought some books on your website but

they have not arrived yet.
A：Do you remember when you bought them?
B：〈チャイム〉
A：お電話ありがとうございます。どうされましたか？
B：おたくのウェブサイトで本を何冊か買ったのですが，まだ届かないんです。
A：いつお買い上げになったか覚えていらっしゃいますか？

(2) A：Good morning, Judy. Oh, are you OK?
B：Oh, Rika. I left my key on the train just now.
A：Don't worry. I'll tell the station staff about your key.
B：〈チャイム〉
A：おはよう，ジュディ。あら，大丈夫？
B：ああ，リカ。ちょうど今，電車に鍵を置き忘れちゃったの。
A：心配しないで。駅員にあなたの鍵のことを伝えてあげる。

5 (1) タロウはhow about making a movie to show the school festivalと言っている。(2) ハナコはI would like to show how we spend our time at school every day.と言っている。(3) タロウがShall we go and talk about our ideas to the teachers?と言ったことに対して，ハナコがYes.と同意している。

放送文と日本語訳

Hanako：Now we have our new school website. It can be seen by only students and their parents. Is there anything to put on our website? What is your idea, Taro?
Taro：Well, how about making a movie to show the school festival, Hanako? We can also show how we practice the dance for the festival. We want many people to enjoy watching our school website.
Hanako：That's a good idea. I would like to show how we spend our time at school every day. I think it is good to record our lessons and club activities. I hope many people will enjoy our movies.
Taro：I agree with you. Shall we go and talk about our ideas to the teachers?
Hanako：Yes. Let's do that now.
(1) What does Taro want to do?
(2) What does Hanako want to do?
(3) What will Taro and Hanako do from now?
ハナコ：今，私たちには学校の新しいウェブサイトがあるわ。生徒と親にしか見られないの。何か私たちのウェブサイトに載せるべきことはあるかしら？　あなたの考えはどう，タロウ？
タロウ：そうだな，文化祭を見せる動画を作るのはどう，ハナコ？　ぼくたちが祭りのためにどうやってダンスの練習をするかも見せることができるよ。多くの人に，ぼくたちの学校のウェブサイトを見て楽しんでほしいよね。
ハナコ：それはいい考えね。私は，私たちが毎日学校でどんなふうに時間を過ごしているかを見せたいと思うわ。授業やクラブ活動を記録するのがいいと思う。多くの人が私たちの動画を楽しんでくれるといいな。
タロウ：きみに賛成だよ。先生にぼくたちの考えについて話しに行かない？
ハナコ：そうね。今，それをしましょう。
(1) タロウは何がしたいですか。
(2) ハナコは何がしたいですか。
(3) タロウとハナコは今から何をしますか。

6 (1) 大和はI heard about it from my mother. She joined the event of the library last month.と言っている。(2) ジュディはI was surprised to find a good restaurant here.と言っている。(3) 大和はFor three weeks. Because we borrowed more than ten books.と言っている。

放送文と日本語訳

Judy：Yamato, thank you for taking me to the new library. I didn't know about this place.
Yamato：I heard about it from my mother. She joined the event of the library last month.
Judy：This library is very different from other libraries. I was surprised to find a good restaurant here.
Yamato：Yes. It has interesting books and nice food!
Judy：That's great! Today, we borrowed twelve books and we can borrow them for two weeks.
Yamato：No. For three weeks. Because we borrowed more than ten books.
Judy：OK. I understand. Three weeks from today. We can eat nice food again when we come here next time!
(1) Who went to the event of the library last month?
(2) Why was Judy surprised at the library?
(3) How long can they borrow books this time?
ジュディ：大和，私を新しい図書館へ連れてきてくれてありがとう。この場所のことは知らなかったわ。
大和：それのことは母から聞いたんだ。彼女は先月，その図書館のイベントに参加したんだ。
ジュディ：この図書館はほかの図書館とかなり違うわね。私はここでいいレストランを見つけて驚いたわ。

大和：そうだね。それにはおもしろい本と，おいしい食べ物があるね！

ジュディ：すばらしいわ！　今日，私たちは本を12冊借りて，２週間借りられるわね。

大和：違うよ。３週間だよ。ぼくたちは10冊以上借りたからね。

ジュディ：なるほど。わかったわ。今日から３週間ね。次回ここに来たときに，またおいしい食べ物を食べられるわね！

(1) だれが先月，図書館のイベントに行きましたか。
(2) 図書館でジュディが驚いたのはなぜですか。
(3) 今回，彼らはどれくらいの間，本を借りることができますか。

リスニング編 でる順 2位

質問に答える問題

入試問題で実力チェック！ ➡本冊P.76

1 (1) **イ**　(2) **エ**

2 Question 1 **c**　Question 2 **a**

3 (1) **ア**　(2) **エ**　(3) **エ**

4 (1) **エ**　(2) **ウ**　(3) **ア**

5 **(解答例)** I will make my original bag from them.

6 (1) **イ**　(2) **ウ**　(3) **ア**　(4) **ウ**　(5) **ア**

7 **(解答例)** My friends make me happy because they are very kind to me.

解説

1 (1) Ken is free in the afternoon, so he wants to play then(=in the afternoon)と言っているので，**イ**が適切。(2) だれのものかわからない鍵を見つけたので，警察署に持って行くよう提案している**エ**が適切。

放送文と日本語訳

(1) Robert asks Ken to play soccer together tomorrow. Ken has to help his mother at home tomorrow morning. But Ken is free in the afternoon, so he wants to play then.

Question：What will Ken say to Robert?

ロバートがケンに，明日一緒にサッカーをしてくれるように頼んでいる。ケンは明日の午前中，家でお母さんを手伝わなくてはならない。しかし，ケンは午後にはひまなので，そのときにしたいと思っている。

質問：ケンはロバートに何と言うか。

(2) Mika is taking a walk with her father. She has found a key on the way, but they don't know whose key it is. Her father tells her what to do.

Question：What will Mika's father say to Mika?

ミカはお父さんと一緒に散歩をしている。彼女は途中で鍵を見つけたが，それがだれの鍵かわからない。お父さんが，彼女に何をすべきか伝えている。

質問：ミカのお父さんはミカに何と言うか。

2 (1) 先生は上手にノートをとる方法について話している。Just copying the blackboard is not enough.と言っているので，ａは不適。
(2) 先生はtry to discover your own styleと言っている。

放送文と日本語訳

Do you know how to take notes well? Just copying the blackboard is not enough. You should write everything you notice during class. If you can explain the contents from your notebook, that means you can take notes well. However, this is not the only way to take notes well, so try to discover your own style.

(Question 1　Answer)
a　The best styles of copying the blackboard.
b　The only reason to explain the contents.
c　The important points of taking notes well.
d　The successful way to answer questions.

(Question 2　Answer)
a　To let them think of their own way to take notes.
b　To let them make their own rules in class.
c　To let them remember everything in their notebooks.
d　To let them enjoy writing with their classmates.

みなさんは上手にノートをとる方法を知っていますか。板書を書き写すだけでは十分とは言えません。授業中に気がついたことはすべて書くべきです。自分のノートから内容を説明できれば，上手にノートがとれているということです。しかし，これはノートを上手にとる唯一の方法というわけではありませんから，みなさん自身のやり方を見つけるようにしてください。

(質問１の答え)
a　板書を書き写す最もよいやり方。
b　内容を説明する唯一の理由。
c　上手にノートをとることの重要なポイント。
d　質問に答えるための，うまくいく方法。

(質問２の答え)
a　彼らに，彼ら自身のノートをとる方法について考えさせるため。
b　彼らに，彼ら自身の授業中のルールを作らせるため。
c　彼らに，ノートに書いてあるすべてのことを覚えさせるため。

d　彼らに，クラスメートと一緒に書くことを楽しませるため。

3 (1) サムに電話をかけたユウタは，I heard you were sick at home today.と言っている。(2) 1時15分から20分間練習するので，終わるのは1時35分。(3) We need to write about our dream for the future. We'll use it in English class next Wednesday. It must be more than 30 words.と言っている。

放送文と日本語訳

Hi, Sam. This is Yuta. Are you OK? I heard you were sick at home today. I hope you'll be fine soon. I want to tell you about two things we'll have next week at school. Our class will practice singing for a chorus contest. After lunch, we'll practice for 20 minutes every day. It begins at 1:15. The other thing is about our English homework. We need to write about our dream for the future. We'll use it in English class next Wednesday. It must be more than 30 words. See you next Monday. Bye.

Questions

(1) Why was Sam at home today?

(2) What time will Sam's class finish singing?

(3) Which is true about the homework?

やあ，サム。ユウタだよ。大丈夫？　きみが今日，病気で家にいるって聞いたよ。すぐによくなるといいね。きみに来週学校である2つのことについて伝えたいんだ。ぼくたちのクラスは合唱コンテストのために歌う練習をするよ。昼食後に，毎日20分間練習するんだ。1時15分開始だよ。もう1つは，英語の宿題についてだよ。ぼくたちは将来の夢について書く必要があるんだ。次の水曜日の英語の授業でそれを使うよ。それは30語以上でないといけないよ。来週の月曜日に会おう。じゃあね。

質問

(1) サムはなぜ今日，家にいたのですか。

(2) サムのクラスは何時に歌い終えるでしょうか。

(3) 宿題について正しいのはどれですか。

4 (1) We will stop there (＝at Bungo Station) for five minutes.と言っている。(2) After we leave Bungo Station, we don't stop at the next three stations until we arrive at Mejiron Station.と言っている。(3) Bungo Stationを2時55分に発車し，Mejiron Stationに3時10分に到着するので，15分かかるとわかる。

放送文と日本語訳

This train will soon arrive at Bungo Station. We will stop there for five minutes. After we leave Bungo Station, we don't stop at the next three stations until we arrive at Mejiron Station. If you want to go to those stations, please change trains at Bungo Station. We will leave Bungo Station at 2:55 and arrive at Mejiron Station at 3:10. When you get off this train, please take everything with you. Thank you.

(1) How long will this train stop at Bungo Station?

(2) How many stations are there between Bungo Station and Mejiron Station?

(3) How long will it take from Bungo Station to Mejiron Station?

この電車は間もなく豊後(ぶんご)駅に到着します。そこで5分間停車します。豊後駅を出発したあとは，めじろん駅に到着するまで次の3駅には止まりません。それらの駅に行きたい場合は，豊後駅で乗り換えてください。豊後駅を2時55分に出発し，めじろん駅には3時10分に到着します。この電車を降りられる際は，すべてのお荷物をお持ちください。ありがとうございます。

(1) この電車はどれくらいの間，豊後駅に停車しますか。

(2) 豊後駅とめじろん駅の間には何駅ありますか。

(3) 豊後駅からめじろん駅まではどれくらい時間がかかりますか。

5 小さくなって着られないTシャツを違う方法で使うにはどうするかを考える。

放送文と日本語訳

You have some T-shirts that you can't wear. They are too small for you. But you want to use them in different ways. What will you do?

あなたは自分が着ることができないTシャツを何枚か持っています。それらはあなたには小さすぎます。しかし，あなたはそれらを違う方法で使いたいと思っています。あなたならどうしますか。

6 (1) you will watch a movie about life in Australiaの部分。(2) you will make groups and talk about the things you will learn from the movie. Then, each group will make a speech in front of the class.の部分。(3) we will sing some songs for themの部分。(4) The bus will leave at one forty-five from the school.の部分。(5) You should bring something to drink.の部分。

放送文と日本語訳

Good afternoon, everyone. I will tell you about tomorrow. In the morning classes, you will watch a movie about life in Australia. After that, you will make groups and talk about the things you will learn from the movie. Then, each group will make a speech in front of the class. After the speeches, we will move to the cooking room on the first floor. There, you will learn how to cook our traditional food. You can enjoy the food you will make during lunch time. It will be a lot of fun. Lunch time will be one hour. In the afternoon, we will go out to do volunteer work. We will visit an old people's home. There we will sing some songs for them. The bus will leave at one forty-five from the school. You should bring something to drink. That's all. Thank you. See you tomorrow.

みなさん，こんにちは。明日のことについて話します。午前の授業で，オーストラリアの生活についての映画を見ます。そのあとグループを作って，映画から学んだことについて話し合います。それから，それぞれのグループはクラスの前でスピーチをします。スピーチのあと，1階(注：日本の2階にあたる)の調理室に移動します。そこで，私たちの伝統料理の作り方を学びます。みなさんが作る料理はランチタイムに楽しむことができます。とても楽しいですよ。ランチタイムは1時間です。午後には，私たちはボランティア活動をしに出かけます。老人ホームを訪れます。そこで彼らのためにいくつかの歌をうたいます。バスは1時45分に学校を出発します。何か飲むものを持ってきなさい。以上です。ありがとう。明日会いましょう。

7 何があなたを幸せにするのかを，理由と合わせて書く。**〈make＋人＋形容詞〉**で**「(人)を～にする」**という意味。主語は人でも物でもよい。

放送文と日本語訳

Hello. I'm Jessica. I have lived in Toyama as an ALT for three years. I'm happy when I teach English to my students. They teach me about interesting things in Toyama. Now I have two questions. What makes you happy? And why?

こんにちは。私はジェシカです。私は富山にALTとして3年間暮らしています。生徒たちに英語を教えるとき，幸せです。彼らは私に富山のおもしろいことについて教えてくれます。さて，2つ質問があります。何があなたを幸せにしますか。また，それはなぜですか。

リスニング編 でる順 3位

絵・図・表を選ぶ問題

入試問題で実力チェック！ ➔本冊P.80

1 (1) **ウ** (2) **イ**

2 (1) **エ** (2) **ウ** (3) **ア**

3 (1) **ウ** (2) **エ**

4 (1) **ウ** (2) **ア** (3) **エ** (4) **イ**

5 (1) **イ** (2) **ア** (3) **エ** (4) **ウ** (5) **イ**

解説

1 (1) It's cloudy today. とA boy wearing a cap is sitting under the tree. から考える。(2) サッカーとバレーボールが同じくらいの人気で，バスケットボールがいちばん人気のグラフを選ぶ。

放送文と日本語訳

(1) It's cloudy today. A man and a woman are running in the park. A boy wearing a cap is sitting under the tree.

今日はくもりです。1人の男性と1人の女性が，公園を走っています。帽子をかぶった男の子が1人，木の下に座っています。

(2) Look at this. It shows three popular sports in my class. Soccer is as popular as volleyball. But basketball is the most popular of the three.

これを見てください。私のクラスで人気のある3つのスポーツを示しています。サッカーはバレーボールと同じくらい人気があります。しかし，バスケットボールが3つの中で最も人気があります。

2 (1) His favorite subjects are math and science. から考える。(2) One of them is playing the guitar. から考える。(3) B組がほかの2クラスより多く，A組の方がC組より多いグラフを選ぶ。

放送文と日本語訳

(1) I have a brother. His favorite subjects are math and science.

私には兄[弟]がいます。彼の好きな教科は数学と理科です。

(2) There are two girls in the room. They like music. One of them is playing the guitar.

部屋に女の子が2人います。彼女たちは音楽が好きです。彼女たちの1人はギターを弾いています。

(3) This shows the number of books borrowed from the school library. In November, Class B borrowed more books than the other two classes. Class A borrowed more books than Class C.

これは学校の図書室から借りられた本の数を示しています。11月には，B組がほかの2クラスよりも多くの本を借りました。A組はC組よりも多くの本を借りました。

3 (1) ハナコのWhen will the game be held? という問いに対して，タロウはOn August

12th.と言っている。⑵くもりで午前中に雨が降り始めるが，昼までにはやみ，午後は晴れると言っている。

放送文と日本語訳

⑴ **Hanako**：Good morning, Taro. Can I go to watch your basketball game on July 20th?
Taro：Good morning, Hanako. The date was changed.
Hanako：Really? When will the game be held?
Taro：On August 12th.
Question：What is the date of Taro's basketball game?
ハナコ：おはよう，タロウ。7月20日のあなたのバスケットボールの試合を見に行ってもいい？
タロウ：おはよう，ハナコ。日にちが変わったんだ。
ハナコ：本当？　いつ試合が開催されるの？
タロウ：8月12日だよ。
質問：タロウのバスケットボールの試合は何月何日ですか。

⑵ **A**：How will the weather be tomorrow?
B：It'll be cloudy and start to rain in the morning.
A：That's too bad. I am going to go fishing after lunch.
B：Don't worry. It'll stop raining by noon and be sunny in the afternoon.
Question：How will the weather be tomorrow?
A：明日の天気はどうなるでしょうか？
B：くもりで，午前中に雨が降り始めるでしょう。
A：残念です。昼食後につりに行くつもりなのに。
B：心配いりません。正午までには雨がやんで，午後には晴れるでしょう。
質問：明日の天気はどうなるでしょうか。

4 ⑴男の子はI can use these to draw picturesと言っているので，絵を描く道具を選ぶ。⑵I'm looking for books about flowers.と言っているので，書店で話しているとわかる。⑶母親はDo your homework first.と言っている。⑷スズキ先生は5人のうち，2人来られないと言っているが，それを聞いたジョンが来ることになったので，4人が適切。

放送文と日本語訳

⑴ **A**：Mom, look. Grandmother bought me these for my birthday.
B：Wow, how beautiful!
A：I'm very happy because I can use these to draw pictures.
Question：What is the boy showing to his mother?
A：お母さん，見て。おばあちゃんがぼくの誕生日にこれらを買ってくれたよ。
B：まあ，なんて美しいのかしら！
A：絵を描くのにこれらを使えるから，とてもうれしいな。
質問：男の子はお母さんに何を見せていますか。

⑵ **A**：Excuse me. I'm looking for books about flowers.
B：OK. We have this one with many pictures and some more here.
A：Let's see. Oh, I like this smaller one. I can bring it when I go hiking. I'll take it.
Question：Where are they talking?
A：すみません。花に関する本をさがしているのですが。
B：わかりました。ここに，写真がたくさん載っているこちらのものと，ほかにも何冊かありますよ。
A：そうですね。ああ，私はこの小さいのが気に入りました。ハイキングに行くときに持って行けます。これをください。
質問：彼らはどこで話していますか。

⑶ **A**：Tom, where are you going? Have you finished your math homework?
B：No, but I want to play tennis with my friends.
A：You cannot go out now. Do your homework first.
B：OK. I'll do it now.
Question：What is the boy's mother telling him to do before he goes out?
A：トム，どこへ行くの？　数学の宿題は終わったの？
B：ううん，でも友達とテニスをしたいんだ。
A：今は出かけてはだめよ。先に宿題をしなさい。
B：わかったよ。今やるよ。
質問：男の子のお母さんは彼に，出かける前に何をするように言っていますか。

⑷ **A**：Ms. Suzuki, how many students will come to the event as volunteers tomorrow?
B：I asked five students to come, but two of them cannot.
A：I said I couldn't come. But if you need more help, I can come, too.
B：Can you? You're a kind student, John. Please meet us here at three.
Question：How many students will come to help Ms. Suzuki tomorrow?
A：スズキ先生，明日のイベントには何人の生徒がボランティアとして来ますか？
B：5人の生徒に来るように頼んだけど，そのうち2人は来られないの。
A：ぼくは来られないと言いました。でも，もっと手伝いが必要なら，ぼくも来られますよ。
B：そうなの？　あなたは親切な生徒ね，ジョン。3時にここに私たちに会いに来てちょうだい。
質問：明日，何人の生徒がスズキ先生を手伝いに来ますか。

5 (1) 智子はThe curry and rice was delicious! と言っている。(2) 智子がWe will meet other students at the school gym at eight thirty, right?と言ったのに対して，ボブがThat's right.と言っているので，８時30分が適切。(3) ボブはI'll go to the amusement park with Ken and Hiroshi.と言っている。(4) ボブはWe need to bring umbrellas.と言い，智子はHow about money? Mr. Tanaka told us to bring some.と言っているので，必要なのは傘といくらかのお金。(5) 智子はI need to go to the music room for the next class.と言っている。

放送文と日本語訳

Tomoko：Hi, Bob.
Bob：Hi, Tomoko. Did you enjoy today's school lunch?
Tomoko：Yes, I did. The curry and rice was delicious!
Bob：I thought so, too. Well, we're going to take a field trip to Wakaba City tomorrow. I'm really excited!
Tomoko：Me, too! We will meet other students at the school gym at eight thirty, right?
Bob：That's right. Where will you go tomorrow?
Tomoko：I'm going to visit a museum in the city with my classmates. How about you?
Bob：I'll go to the amusement park with Ken and Hiroshi.
Tomoko：That sounds nice! Are you ready for the field trip tomorrow?
Bob：I think so. Oh, my host mother says it will rain tomorrow. We need to bring umbrellas.
Tomoko：Oh, OK. How about money? Mr. Tanaka told us to bring some.
Bob：Really? I didn't know that.
Tomoko：You may need some money to buy something.
Bob：I see.
Tomoko：Oh, it's already 1:10. I need to go to the music room for the next class.
Bob：Oh, OK. See you later.
Tomoko：See you!
Question No.1：What did Tomoko eat for lunch?
Question No.2：What time will Tomoko and Bob meet other students?
Question No.3：Where will Bob and his friends go in Wakaba City?
Question No.4：What do Tomoko and Bob need to bring tomorrow?
Question No.5：Where does Tomoko need to go for the next class?

智子：こんにちは，ボブ。
ボブ：やあ，智子。今日の昼食を楽しんだ？
智子：ええ，楽しんだわ。カレーライスがとてもおいしかった！
ボブ：ぼくもそう思ったよ。さて，明日ぼくたちはワカバ市に遠足に行くね。ぼくは本当にわくわくしているよ！
智子：私も！ ８時30分に学校の体育館でほかの生徒たちと集合するのよね？
ボブ：そうだよ。きみは明日，どこへ行くの？
智子：私はクラスメートとその市の博物館[美術館]に行くつもりよ。あなたは？
ボブ：ぼくはケンとヒロシと遊園地に行くつもりだよ。
智子：それはよさそうね！ 明日の遠足の準備はできているの？
ボブ：そう思うよ。ああ，ホストマザーが明日は雨が降るって言っているよ。傘を持っていかないといけないよ。
智子：あら，わかったわ。お金はどう？ タナカ先生がいくらか持ってくるように言っていたわ。
ボブ：本当？ それは知らなかった。
智子：何か買うためにお金が必要かもしれないわよ。
ボブ：そうだね。
智子：あら，もう１時10分だわ。次の授業のために音楽室に行かないと。
ボブ：ああ，そうだね。またあとでね。
智子：またね！
質問１：智子は昼食に何を食べましたか。
質問２：智子とボブは何時にほかの生徒と集合しますか。
質問３：ワカバ市で，ボブと彼の友達はどこへ行くつもりですか。
質問４：智子とボブは明日，何を持って来る必要がありますか。
質問５：智子は次の授業のために，どこへ行く必要がありますか。

空所補充問題

入試問題で実力チェック！ ➡本冊P.84

1 (1) **土**　(2) **１時30分[１時半]**　(3) **青**

2 (1) writing　(2) river　(3) original
(4) **(解答例)**　want to visit Australia

3 (1) dream
(2) Thursday

(3)**(解答例)** How many students [members] are there

4 (1) sea (2) hours (3) same

5 (1) favorite (2) eight (3) holds (4) yourself (5) birthday

解説

1 (1) 祭りは金曜日から日曜日まで行われ，ダンスイベントは２日目とスティーブが言っているので，土曜日が適切。(2) スティーブは It will start at 2:00 in the afternoon. Let's meet there 30 minutes before that. と言っている。(3) スティーブはWe will wear blue T-shirts when we dance. と言っている。

放送文と日本語訳

Misa：Steve, the festival will be held from Friday to Sunday, right?
Steve：Yes. I'm going to join the dance event at the music hall on the second day.
Misa：That's great! Can I join, too?
Steve：Sure. It will start at 2:00 in the afternoon. Let's meet there 30 minutes before that. We will wear blue T-shirts when we dance. Do you have one?
Misa：Yes, I do. I'll bring it.

美沙：スティーブ，祭りは金曜日から日曜日まで開催されるんでしょう？
スティーブ：そうだよ。ぼくは２日目の音楽ホールでのダンスイベントに参加するつもりだよ。
美沙：それはすばらしいわね！ 私も参加していい？
スティーブ：もちろん。午後２時に始まるよ。30分前にそこで会おう。ぼくたちは踊るときに青いTシャツを着るんだ。きみは持ってる？
美沙：ええ，持ってるわ。持って行くわね。

2 (1) 先生はToday, we'll have an English writing activity in the morning. In the afternoon, you'll have a presentation. と言っている。(2) 先生は，Tomorrow, we'll go to a river. と言っている。(3) 先生はOn the last day, we'll make a short movie. You'll write your original story and make the movie in English. と言っている。「英語で自分たちの(　)短い映画を作る」なので，空所にはoriginalが適切。(4)「あなたはどの国を訪れたいですか」という質問なので，(I) want to visit ～. の形で答える。

放送文と日本語訳

Good morning, everyone. Now, I'll tell you about what we're going to do during our English Day. Today, we'll have an English writing activity in the morning. In the afternoon, you'll have a presentation. Tomorrow, we'll go to a river. I'll show you how to catch big fish! On the last day, we'll make a short movie. You'll write your original story and make the movie in English. Let's have a good time together, and make your English better!

OK then, let's start the writing activity now. Enjoy writing and sharing your ideas in a group. First, I'll ask you some questions, so write your ideas on the paper. Question number one. What country do you want to visit? Write your answer now.

みなさん，おはようございます。今から，イングリッシュ・デイの間に何をするのかについてお話しします。今日，午前中には英作文の活動をします。午後には発表があります。明日は川に行きます。大きな魚の捕まえ方をお見せします！ 最終日には，短い映画を作ります。オリジナルの物語を書いて，英語で映画を作ります。一緒によい時間を過ごして，英語をよりよくしましょう！

さあ，それでは，今から英作文の活動を始めましょう。グループで書いたりアイデアを共有したりして楽しんでください。最初に，いくつかの質問をしますから，紙にアイデアを書いてください。質問１。あなたはどの国を訪れたいですか。今，答えを書いてください。

3 (1) 有名なテニス選手になることはまみの「夢」なので，dreamが適切。(2) エミリーはI'm happy to hear that the English club members will have a party for me on the first day. と言っている。英語クラブの活動は来週の水曜日から土曜日に行われるが，エミリーは水曜日には行けないと言っているので，最初の日は木曜日。(3) エミリーが知りたがっているのは，英語クラブの生徒の数。人数をたずねるときは**〈How many＋名詞の複数形〉**で文を始める。

放送文と日本語訳

Hi, this is Emily. I really enjoyed talking with you about your dream. I understand you like playing tennis very much and really want to be a famous tennis player in the future.

By the way, you said that your teacher, Mr. Smith, wants me to join the English club from Wednesday to Saturday next week. I'm sorry, but I can't go on Wednesday. However, I will go all of the other three days. I'm happy to hear that the English club members will have a party for me on the first day. Please tell me the number of the students in the

English club. I'd like to give something to each member. See you then. Bye.

こんにちは，エミリーよ。私はあなたとあなたの夢について話すことを本当に楽しんだわ。あなたがテニスをするのが大好きで，将来有名なテニス選手に本当になりたいというのはわかるわ。

ところで，あなたはあなたの先生のスミス先生が，私に来週の水曜日から土曜日まで英語クラブに参加してほしがっていると言っていたわね。申し訳ないけど，水曜日は行けないの。でも，ほかの3日間は全部行くわ。最初の日に英語クラブのメンバーが私のためにパーティーを開いてくれるって聞いてうれしいわ。英語クラブにいる生徒の数を教えてちょうだい。メンバー1人1人に何かあげたいの。じゃあ，またね。さようなら。

4 (1) ALTはIt (＝My country) is famous for its beautiful sea.と言っている。(2) ALTはWe receive more than three thousand hours of sunshine in a year.と言っている。(3) ALTはIt is as large as Utsunomiya City.と言っているので，「宇都宮市と(　)大きさ」の空所には「同じ」という意味のsameを入れる。

放送文と日本語訳

You：Can you tell us about your country?
ALT：Sure.
You：If you're ready, please begin.
ALT：OK. My country is an island country. It is famous for its beautiful sea. You can enjoy swimming! The climate is nice through the year. We have a lot of sunshine. We receive more than three thousand hours of sunshine in a year. It's a wonderful place. My country is a very small country. Can you guess its size? It is as large as Utsunomiya City. It's surprising, right? My country is small, but there are a lot of good places for visitors. I love my country. You should come!
あなた：あなたの国について教えていただけますか？
ALT：もちろん。
あなた：準備ができていたら，始めてください。
ALT：わかりました。私の国は島国です。美しい海で有名です。泳いで楽しむことができます！　気候は1年を通してよいです。日光がたくさん当たります。1年で3000時間以上も日光が当たります。すばらしい場所です。私の国はとても小さな国です。その大きさを推測できますか？　宇都宮市と同じくらいの大きさです。驚くべきことですよね？　私の国は小さいですが，観光客のためのよい場所がたくさんあります。私は私の国が大好きです。ぜひ来てください！

5 (1) ひかりはit is my favorite cushionと言っている。(2) ひかりはI have used it since I was eight years old.と言っている。(3) ひかりはWhen I feel sad, I always hold it in my arms.と言っている。主語が3人称単数なので，holdsとする。(4) ひかりの祖母はJust be yourself.と言う。(5) ひかりはI will give it (＝a cushion) to her as a birthday present.と言っている。

放送文と日本語訳

My grandmother made a cushion for me and it is my favorite cushion. I have used it since I was eight years old. When I feel sad, I always hold it in my arms. I can relax and hear her tender voice. She often says, "We are all different. Just be yourself." She will become sixty years old this spring. I'm making a cushion for her now. I will give it to her as a birthday present.

私の祖母は私のためにクッションを作ってくれて，それは私のお気に入りのクッションです。私は8歳のときからずっとそれを使っています。悲しい気持ちになったとき，私はいつもそれを腕に抱きます。リラックスでき，彼女の優しい声が聞こえます。彼女はよく，「私たちはみんな違う。あなた自身でいなさい」と言います。彼女は今度の春で60歳になります。私は今，彼女のためにクッションを作っています。私は彼女に誕生日プレゼントとしてそれをあげるつもりです。

絵・図・表に関する質問に答える問題

入試問題で実力チェック！ ➡本冊P.87

1 (1) エ　(2) ウ

2 (1) B　(2) C　(3) A

3 (1) ア　(2) イ

4 (1) エ　(2) ウ　(3) イ
(4) **(解答例)**　What is the name of Jane's favorite soccer team?

解説

1 (1) ケンジは12月12日ではなく，12月20日生まれ。(2) 祖母から自転車をもらったのはジョン。

放送文と日本語訳

(1) Was Kenji born on December 12?
ケンジは12月12日に生まれましたか。

(2) Who got a bicycle from his grandmother on his birthday last year?
昨年の誕生日に，祖母から自転車をもらったのはだれですか。

2 (1) 絵の中の女性はイヌと散歩しているので，Bが適切。(2) 表から，バスで通学する生徒より自転車で通学する生徒の方が多いことがわかるので，Cが適切。(3) 英和辞典は単語の意味が何かを知りたいときに使う本なので，Aが適切。

放送文と日本語訳

(1) A：A woman is working in the office.
B：A woman is walking with a dog.
C：A dog is eating food in the park.
A：女性がオフィスで働いています。
B：女性がイヌと一緒に歩いています。
C：イヌが公園で食べ物を食べています。
(2) A：There are no students who walk to school.
B：150 students take a bus to school.
C：More students come to school by bicycle than by bus.
A：歩いて学校へ行く生徒は1人もいません。
B：150人の生徒がバスに乗って学校へ行きます。
C：バスよりも自転車でより多くの生徒が学校に来ています。
(3) A：This is a book which you use when you want to know what a word means.
B：This is a book which has an interesting story and pictures.
C：This is a book which tells you how to get to a place.
A：これは単語が何を意味するか知りたいときに使う本です。
B：これはおもしろい物語と絵のある本です。
C：これはある場所への行き方を教えてくれる本です。

3 (1) 由美はMy class won just one gameと言っている。(2) 由美は2番目の発言でThis train only stops at Chuo Station before arriving at Minato Station., 3番目の発言でWe will change trains at the next station.と言っているので，中央駅で乗り換えることがわかる。

放送文と日本語訳

(1) Yumi：All of the games have finished. How many games did your class win?
John：We didn't win all of them, but we won two games. How about your class?
Yumi：Not good. My class won just one game, so two classes were better than mine. I wanted to win more games.
John：Don't be so sad. You had a good time, right?
Yumi：Of course.
質問：Which is Yumi's class?
由美：試合が全部終わったわ。あなたのクラスは何試合勝ったの？
ジョン：全部は勝てなかったけど，2試合勝ったよ。きみのクラスはどう？
由美：よくないわ。私のクラスは1試合勝っただけだから，2つのクラスが私のクラスよりいいわね。もっと多くの試合に勝ちたかったわ。
ジョン：そんなに悲しまないで。楽しい時間を過ごせただろう？
由美：もちろん。
質問：由美のクラスはどれですか。
(2) Yumi：Our train has just left Nishi Station. We will be at Higashi Station in twenty minutes.
John：Can we get there without changing trains?
Yumi：No, we can't. This train only stops at Chuo Station before arriving at Minato Station.
John：Then, how can we get to Higashi Station?
Yumi：We will change trains at the next station.
John：OK.
質問：Where will Yumi and John change trains?
由美：ちょうど私たちの電車が西駅を出たわ。20分すれば東駅に着くわ。
ジョン：乗り換えなしでそこに到着できるの？
由美：いいえ，できないわ。この電車は港駅に着く前に中央駅にしか止まらないの。
ジョン：じゃあ，どうすれば東駅に行けるの？
由美：次の駅で乗り換えるの。
ジョン：わかった。
質問：由美とジョンはどこで乗り換えますか。

4 (1) ベーカー先生はHe teaches music at a junior high school.と言っている。(2) 涼子はI've played soccer for ten years.と言っている。(3) ベーカー先生はHer favorite team is in Japan and she wants to be a member of that team.と言っている。(4)「ジェーンの好きなサッカーチームの名前は何ですか」や「トムとはいつから友達なのですか」などという質問を書くとよい。

放送文と日本語訳

A：What are you looking at, Mr. Baker?
B：Ah, Ryoko. I'm looking at a picture. This is my friend, Tom and this girl is my sister, Jane. She is a high school student. They are in America.
A：What does Tom do in America?
B：He teaches music at a junior high school. Last

year, he played the piano for Jane and we danced together at her birthday party.

A：Wow, that was a nice present. Well, Jane is holding a soccer ball. Does she play soccer?

B：Yes, she has played it for seven years.

A：Really? I play soccer, too. I've played soccer for ten years.

B：For ten years? You've played it for a long time!

A：Yes. But I want to play soccer better.

B：Oh, good! Well, Jane wants to play soccer in Japan. Her favorite team is in Japan and she wants to be a member of that team.

A：Oh, really? I hope I can play soccer with her someday.

B：That would be great!

Question (1)：What is Tom's job in America?

Question (2)：How long has Ryoko played soccer?

Question (3)：Why does Jane want to play soccer in Japan?

A：ベーカー先生，何を見ているんですか？

B：ああ，涼子。写真を見ているよ。これは私の友達のトムで，この女の子は私の妹のジェーンだよ。彼女は高校生だよ。彼らはアメリカにいるんだ。

A：トムはアメリカで何をしているんですか？

B：中学校で音楽を教えているよ。昨年，ジェーンの誕生日パーティーで，彼はジェーンのためにピアノを弾いて，私たちは一緒に踊ったんだ。

A：わあ，すてきなプレゼントでしたね。ええと，ジェーンはサッカーボールを持っていますね。彼女はサッカーをするんですか？

B：うん，彼女は7年間それをしているよ。

A：本当ですか？　私もサッカーをします。10年間それをしています。

B：10年間だって？　きみは長い間それをしているんだね！

A：はい。でももっと上手にサッカーをしたいんです。

B：ああ，いいね！　ええと，ジェーンは日本でサッカーをしたいと思っているんだ。彼女の大好きなチームが日本にあって，そのチームのメンバーになりたいんだよ。

A：わあ，本当ですか？　いつか彼女と一緒にサッカーができるといいなと思います。

B：それはすばらしいだろうね！

質問(1)：トムのアメリカでの仕事は何ですか。

質問(2)：涼子はどれくらいの間サッカーをしていますか。

質問(3)：ジェーンはなぜ日本でサッカーをしたいと思っているのですか。

実力完成テスト① ➡本冊P.89

1 (1) **イ** (2) **ウ** **2** **エ**

3 **(解答例)** I want to be a doctor because we don't have enough doctors in our town. If I become a doctor, I will help sick people and save a lot of lives in our town. **(2文)**

4 (1) ① does Santa Claus know what I want ⑤ it is difficult for them to enjoy a happy Christmas (2) ② found ③ coming (3) **トッドの父親が病気で3か月間入院しているから。** (4) **イ，オ** (5) **ウ**

5 (1) **ウ** (2) **オ** (3) **イ**

6 (1) **ウ** (2) **エ** (3) **ア** (4) **イ** (5) **エ**

解説

1 (1) 今日の具合をたずねられているので，**イ**が適切。(2) お礼を言われているので，**ウ**が適切。

放送文と日本語訳

(1) A：Hi, Chris. You weren't at school, were you?
B：No, I wasn't. I had a bad headache yesterday.
A：Oh, that's too bad. How are you today?
A：こんにちは，クリス。学校に来ていなかったよね。
B：ええ，来ていませんでした。昨日，ひどい頭痛がしたんです。
A：まあ，それはお気の毒に。今日はいかがですか？

(2) A：Excuse me, could you tell me the way to Central Museum?
B：Oh, it's over there. The white building next to the park is the museum.
A：I see. Thank you very much.
A：すみませんが，中央博物館へ行く道を教えていただけますか？
B：ああ，あそこです。公園の隣の白い建物が博物館です。
A：わかりました。どうもありがとうございます。

2 デイヴが週末にしようと提案したことは，すべてエミーに却下されてしまい，エミーは買い物に行きたいと主張した。それに対しデイヴは最後に「きみの勝ちだ」と言っているので，**エ**が適切。

放送文と日本語訳

Emmy：Dave, what shall we do this weekend?
Dave：Well ... I just want to stay at home. I'm sorry, Emmy. I've been so tired these days.
Emmy：Really? You said you were tired last weekend, too. You said we could go out together this weekend.
Dave：I know, Emmy. I'm sorry. How about watching DVDs at home? Or going to see a movie?
Emmy：No, Dave, I don't want to stay at home! And I don't want to see a movie. You'll fall asleep in the theater.
Dave：OK, Emmy, tell me what you want to do.
Emmy：I want to buy some new boots and a new bag, and a birthday present for my mother, and ....
Dave：OK, OK, Emmy. You win.
Question：What will they do this weekend?
エミー：デイヴ，今週末何をしましょうか？
デイヴ：ええっと…ぼくはただ家にいたいな。エミー，ごめんよ。ここのところとても疲れているんだよ。
エミー：そうなの？ 先週末もあなたは疲れているって言ったわ。今週末は一緒に外出できるって言っていたじゃない。
デイヴ：わかっているよ，エミー。ごめん。家でＤＶＤを見るのはどう？ それとも映画を見に行く？
エミー：いいえ，デイヴ。私は家にいたくないの！ それに私は映画は行きたくないわ。あなたは映画館で眠ってしまうもの。
デイヴ：わかったよ，エミー。きみが何をしたいのか教えてくれる？
エミー：私は新しいブーツと新しいバッグを買いたいの。それにお母さんの誕生日のプレゼントでしょう，それと…。
デイヴ：わかった，わかったよ，エミー。きみの勝ちだ。
質問：彼らは今週末何をしますか。

3 〈want to＋動詞の原形〉「～になりたい，～したい」という文で始める。理由はbecause ～「～だから」などを用いて表現する。

4 (1) ①**間接疑問文。what I wantの語順にする。** ⑤(　)の中にtoやitがあるので，〈it is ～ for ― to ...〉の構文を使う。(2) ②文の前半の動詞がforgotと過去形になっているので，findも過去形foundにする。③(　)の直前にisがあり，次の文がhe is not looking forward to ～と現在進行形であることから，ここも現在分詞comingを入れて現在進行形にする。
(3) 次の文に「父親が3か月間，病気で入院している」とあるので，これがクリスマスを楽しみに待てない原因だとわかる。(4) **ア** トッドが3歳のときのことは第1段落第2～3文に書かれている。He couldn't read the wordsとあるので，不一致。**イ** トッドが6歳のときのことは第2段落に書かれている。第4文の後半に一致。**ウ** 第3段落第3文より，入院しているのは父親だとわかるので不一致。**エ** 第4段落第3文で，「今年はお父さんが入院しているからツリーを立てられない」と言っているので，不一致。**オ** 第7段落第4文に一致。(5) 第1～2段落には，過去にサンタクロースがいつもトッドの望みをかなえてきてくれたことが書かれている。第4段落以降には，今年のクリスマスにトッドが望むことが書かれているので，この英文のタイトルとして**ウ**の「トッドのクリスマスの望み」が適している。

全訳

トッドは幼い子どものころ，サンタクロースが彼にプレゼントをくれたので，クリスマスが大好きだった。彼が3歳のとき，サンタクロースは彼にすばらしい絵本をくれた。彼は言葉が読めなかったが，彼の大好きな恐竜の絵を見て楽しんだ。彼が4歳のとき，彼は小さな自転車をもらった。彼は世界のどこにでも行くことができると思った。「なんてわくわくするんだろう」「ありがとう，サンタさん」と彼は思った。

しかしトッドが6歳のとき，彼は突然何かについて怪しいと思い始めた。「サンタクロースは，どうやってぼくが何をほしがっているのかを知るのだろう。彼はカギがないのにどうやって家の中に入ってくることができるのだろう」しかしすぐに，彼はその疑いを忘れた，というのも，彼はクリスマスの朝，クリスマスツリーの下に一足のローラースケートを見つけたからだ。彼はとても興奮したので，疑問のことは忘れてしまった。

今，トッドは7歳で，クリスマスはまもなくやってこようとしている。しかし，今年は，彼はクリスマスを楽しみに待っていない。彼の父親が3か月間，病気で入院しているのだ。彼の母親はいつもとても忙しく，疲れている。彼は，自分たちが幸せなクリスマスを楽しむことは難しいとわかっている。

先週，彼の母親が彼にたずねた。「クリスマスに何がほしい，トッド？」彼女はとても顔色が悪く疲れて見えた。「今年は，お父さんが入院しているからツリーを立てられないけれど，もちろんサンタクロースはあなたにプレゼントを持って来てくれるわよ」

「ぼくはプレゼントは何もほしくない」と彼は答えた。

彼の母親は驚いて言った。「どうしたの？　何か問題があるの？」

トッドは言った。「どうもしないけど，ぼくはプレゼントはほしくない。ぼくはお父さんに元気になってほしいだけなんだ。ぼくはあなたに笑ってもらいたいだけなんだ，お母さん。ぼくはただ，2人と一緒にいたいんだ。そのほかには何もいらない。お母さん，サンタさんに伝えてくれる？　彼はぼくの望みを聞いてくれるかな？」

彼の母親は彼を腕にきつく抱きしめた。彼女は彼にほほえむと言った。「もちろん，彼はあなたの望みを聞いてくれるわ。心配しないで，トッド。なんて優しい子なの。あなたの望みはかなうわよ」

5 (1) **have you ever been to ～?と現在完了で問われているので，haveを用いて答えているウ**が適切。(2) 次いでケイティが，アツシの発言に対し，自分はうまく歌えない，と言っているので，**オ**が適切。(3) 次のアツシの発言にNot somedayとあるので，**イ**を入れるのが自然。

全訳

アツシ：ケイティ，カラオケに行ったことはある？
ケイティ：いいえ，行ったことはないわ。
アツシ：ええ，どうして？　楽しいのに。
ケイティ：うーん，音楽を聞くのは好きなんだけど，歌うのは得意じゃないの。
アツシ：いいかい，歌を歌うことはそんなに難しくないんだよ。
ケイティ：そうね，あなたにとっては簡単かもね。でも私はうまく歌えないわ。
アツシ：そんなに深刻にならないで。上手に歌う必要なんかないんだ。一番大事なことは歌うことを楽しむことだよ！
ケイティ：そうね，いつかカラオケに行ってみたいわ。
アツシ：いつかじゃだめだ。今日行こうよ。恥ずかしがらないで。
ケイティ：うーん，わかったわ，アツシ，私，行くわ。お気に入りの歌を歌ったら，楽しいかもしれないものね。

6 (1) 主語Mr. Smithの前にhasがあるので，現在完了の疑問文だとわかる。(2) This temple「この寺」は「建てられた」という**受け身の関係なので，〈be動詞＋過去分詞〉**を選ぶ。(3) how to ～を使って「泳ぎ方」という意味にする。(4)「プールがある新しい家」という意味になるように関係代名詞を入れる。**先行詞がhouseで〈物〉なので関係代名詞はwhich**が適切。(5) **How often ～?「どのくらいの頻度で～?」**とたずねる文にする。

実力完成テスト②

➡本冊P.93

1 (1) イ (2) ア

2 ウ

3 (1) farm (2) ② took ④ felt ⑥ more beautiful (3) **彼女の夫がとても若くして亡くなったので，彼女が(4人の)子どもたちの世話をするために働かなければならなかったから。** (4) **それ[日焼けしてしわのよった祖母の顔]は祖母の長年の誠実な人生の象徴であり，美咲さんたちへの愛の象徴だから。**

(5) **(解答例)** (a) She grew watermelons and mandarin oranges. (b) She told them a lot of interesting stories in bed.

4 **(解答例)** I'm going to see a soccer game next Saturday. Why don't you come with me if you're interested in soccer?

5 (1) Who is going to take care of your dog (2) The cake can be eaten by everyone (3) My teacher asked me to carry these chairs to (4) Have you been reading this book since (5) The woman who is sitting next to me is

解説

1 (1) 最後の2文を聞き取る。(2) ジョシュが気に入っているのはポケットのある白いTシャツ。さらに最後に1,500円のものを買うと言っているので，**ア**が正解。

放送文と日本語訳

(1) David loves making cakes, cookies, and other sweets. One Sunday afternoon, he made some cookies. The cookies were so delicious that he wanted other people to eat them. He decided to give the cookies to his best friends, Bob, Jimmy, and Mary. He looked for paper bags to put the cookies in. He found four paper bags in the kitchen. One had a big star on it. One had small stars. Another had some flowers on it, and the other one had a cat. He chose the bag with one big star for Bob and the bag with some flowers for Jimmy. Mary loves cats, so David chose the bag with the cat for her.

Question：Which set of cookie bags did David choose for his friends?

デイヴィッドはケーキやクッキー，そのほかのお菓子を作るのが大好きです。ある日曜日の午後，彼はクッキーを作りました。そのクッキーはとてもおいしかったので，彼はほかの人にそれらを味わってもらいたいと思いました。彼はそのクッキーを親友のボブ，ジミーそしてメアリーにあげようと決めました。彼はクッキー用の紙袋を探しました。彼は台所で4つの紙袋を見つけました。それに大きな星があるもの。小さな星があるもの。もうひとつは花柄で，もうひとつはネコがあります。彼はボブのために1つの大きな星がついた袋を選び，ジミーのためにいくつかの花がついた袋を選びました。メアリーはネコが大好きなので，デイヴィッドは彼女のために1匹のネコのついた袋を選びました。

質問：デイヴィッドは彼の友達のためにどのクッキーの袋のセットを選びましたか。

(2) **Josh**：Saki, look at that T-shirt. I really like it.
Saki：Josh, which one are you talking about? The black one?
Josh：No, the white one. It has a pocket on the chest.
Saki：Yes, it does. The pocket is black, so it looks nice. I like the black T-shirt without any pockets.
Josh：I like it, too. But it's expensive.
Saki：Oh, it's 3,000 yen.
Josh：Yes. The white one is just 1,500 yen, so I'll take it.
Question：Which T-shirt will Josh buy?

ジョシュ：サキ，あのTシャツを見て。とても気に入ったよ。
サキ：ジョシュ，どれのことを言っているの？ 黒いの？
ジョシュ：いや，白いの。胸にポケットがある方だよ。
サキ：そう。ポケットの色が黒だから，すてきに見えるね。私はポケットがない黒いTシャツが好き。
ジョシュ：ぼくも好き。でも，高いんだよね。
サキ：ああ，3,000円なんだね。
ジョシュ：そう。白いのは1,500円だし，これにしようかな。
質問：ジョシュはどのTシャツを買いますか。

2 **ア**と**エ**は交通手段をたずねる質問に対する答えとして不適切。**ウ** 最後から5文目にある his parents and sister left for the airport を聞き取る。空港に向かったということは飛行機に乗ったということ。最後から4文目には He (＝James) was on a train. とあるので，一致。

放送文と日本語訳

There are a lot of boys who love trains. James

is one of them. This summer vacation, his family had plans to visit San Francisco. James wanted to go there by train, but his father said, "Let's go there by car! There are a lot of places to visit on the way. We can stay in Los Angeles." Then his mother said, "If you drive to San Francisco, you'll get tired. It's not a good idea. How about going by bus?" But his sister was against her mother's idea. She wanted to take a plane because it only takes two hours to fly to San Francisco. A week later, his parents and sister left for the airport, but James didn't. He was on a train. He decided to go alone. He had to change trains five times, and it took about thirteen hours! He was very tired, but he was so happy.

Question：How did James' family go to San Francisco?

電車が大好きな少年はたくさんいます。ジェームズはそんな少年のうちの一人です。今年の夏休みに，彼の家族はサンフランシスコを訪れる計画を立てました。ジェームズはそこに電車で行きたいと思いましたが，彼の父親は「車で行こう。途中，訪れるべき場所がたくさんある。私たちはロサンゼルスにも泊まれるよ」と言いました。すると彼の母親が「あなたがサンフランシスコまで運転したら，疲れちゃうわ。よい考えではないわ。バスで行くのはどう？」と言いました。しかし，彼の姉[妹]は母の意見に反対でした。彼女は飛行機に乗りたかったのです。なぜならサンフランシスコに着くのにたった２時間しかかからないからです。１週間後，彼の両親と姉[妹]は空港に向かいましたが，ジェームズはそうしませんでした。彼は電車の中にいました。彼は一人で行くことに決めたのでした。彼は５回電車を乗り換えなくてはならず，13時間ほどもかかったのです！　彼はとても疲れましたが，すごく幸せでした。

質問：ジェームズの家族はどのようにしてサンフランシスコに行きましたか。

3 (1)（　）は，worked on aのあとなので，**場所を表す語**を入れる。(2) ②文の前半の動詞がgrewと過去形なので，takeも過去形にする。④前後の文は，両方とも昔の話をしているので，過去の文だと考える。⑥後ろに**thanがあるので比較級の文**にする。(3) 一生懸命働かなければならなかった理由は次の文に書いてあるので，その部分をまとめる。(4) 祖母の日焼けして，しわのよった顔が大好きな理由は，次の文に書かれている。(5)(a)第１段落第４文参照。(b)第２段落最後から２文目参照。

全訳

私の祖母の名前は多田幸子といいます。彼女は80歳で，和歌山の小さな村に住んでいます。彼女の顔は日焼けして，おでこに深いしわがあります。それは彼女が何年間も農業従事者として働いたからです。彼女は夏にはスイカを育て，冬にはミカンの世話をしました。彼女は１年中，農場で一生懸命働きました。

なぜ，彼女はそんなに一生懸命働かなければならなかったのでしょう？　彼女の夫がとても若くして亡くなったので，彼女が子どもたちの世話をするために働かなければならなかったのです。彼女は４人の子どもたちをたった一人で育てました。彼女は着飾ることはありませんでした。彼女はいつも汚れた古い仕事着を着ていました。彼女は自分に新しい服は買いませんでしたが，子どもたちには新しい服を与えました。彼女は子どもたちをレストランに連れていけませんでしたが，子どもたちは空腹を感じたことはありませんでした。彼女は，子どもたちにたくさんの本を買うことはできませんでしたが，毎晩寝床で，子どもたちにたくさんのおもしろい話をしました。彼女はたくさんの愛を子どもたちに与えました。

私は彼女の日に焼けてしわのよった顔が大好きです。それは，彼女の長年の誠実な人生の象徴であり，私たちへの愛の象徴なのです。近頃は，彼女は子どもたちと多くの孫たちといてとても幸せそうです。私は彼女の幸せそうな笑顔を見るとうれしいです。私は彼女の笑顔よりも美しいものはないと思っています。

4 **「～するつもりである」はbe going to ～**で表す。**相手を誘う表現はWhy don't you ～?**や**Would you like to ～?**など。「もし～に興味があれば」はifを使ってif you're interested in ～と表すとよい。

5 (1) 文末の?から，**whoを使った疑問文**だとわかる。whoを主語として，is going to ～を続ける。take care of ～「～の世話をする」という意味。(2) 語群のcan，eaten，beから**助動詞を使った受け身の文〈助動詞＋be＋過去分詞〉**だとわかる。(3) **〈ask＋人＋to＋動詞の原形〉**で「**(人)に～するように頼む**」という意味。(4) 語群のreading，been，haveから**現在完了進行形の文〈have[has]＋been＋動詞の～ing形〉**だとわかる。不要語はread。(5) 語群のwhoとwhichから関係代名詞を使った文とわかる。「私の隣に座っている女性は」とするため，**主語の関係代名詞としてwho**を使いwho is sitting next to meをthe womanの後ろに置く。不要語はwhich。